新典社選書57

京都のくるわ

―生命を更新する祭りの場―

田口章子編

新典社

はじめに ―― 研究会の視点 ――

三年計画で二〇〇九年に発足、研究会やフィールドワークを重ねてきた京都のくるわと芸能研究会は、

　神社、河原、公権力という、発生場所・理由は歌舞伎と共通する。シャーマニズムを母体として、近世初頭に、一方は歌舞伎（男色と芸能）、一方はくるわ（女色と芸能）へ分化し、それぞれが独自の芸能を育てた。このような視点を採ることにより、これまで切り離されてきた花街史と日本芸能史の書き換え・統合が可能になる。

という指針のもとにスタートしました。

あえて、この視点を明確にしたのは、花街《かがい》研究にはむずかしい問題がからんでいるからです。この研究会を立ち上げたとき、新聞のコラムで内容を紹介すると、さっそく「反論がでるかもしれない」とか「揚屋と遊廓についての裁判例や論説に目を通した方がいい」といったご意見を頂戴しました。しかし、私たちの研究会は花街の定義をするために発足したわけではありません。私たちがあえて研究会の名称に「くるわ」とひらがな表記を採用した意味もそこにあります。

なぜ、京都の花街なのか。この問題提起こそ重要な視点です。

「中世に形成され、近世に洗練の度を加えた日本の伝統文化の精粋を、ほぼそのままの形で、しかも綜

合体として保存している稀有の存在」という点で京都の花街は重要だからです。日本文化の全てがそこに凝縮されています。それを確認する事が出来る。そこにこそ、現在進行形で賑わいをみせている京都の花街の存在価値があるのです。

京都を拠点とした研究活動の成果は、京都には日本人あるいは日本文化が失ってしまった大事なものが保たれていることを、あらためて教えてくれます。

田口章子

目　次

京都の代表的花街

田口章子

京都の花街の存在価値を知るために、まず、現在進行形で京の文化を支えている京都の代表的花街を紹介していきましょう。

京都には、祇園甲部、祇園東、宮川町、先斗町、上七軒、島原の六花街が存在し、「六花街」として京都の文化の一翼をになってきました。

《祇園甲部》

京都市東山区にある《祇園甲部》。祇園町といわれる京都で最大の花街です。

はじまりは、江戸初期に当時祇園社と呼ばれた八坂神社の門前で営業された水茶屋。水茶屋というのは路傍や神社の境内などで、往来の人を湯茶でもてなすお店です。八坂神社南鳥居前に今も残る中村楼は面影をとどめています。

元和年間（一六一五〜二四）の中頃から、八坂神社に参詣する人や東山界隈を遊山する客を相手に、表向きは茶汲女と称する女性たちが、内々に遊女のような所業をするようになったという記録（『京都府下遊廓由緒』）があります。

門前営業の水茶屋を起源とするお茶屋が、行政から花街として公認されたのは、寛文五年（一六六五）とも寛文十年（一六七〇）ともいわれています。

祇園町の由緒となるとその詳細は不明ですが、八坂神社という神社が祇園甲部の発生に深いかかわりがあったことは確かです。「祇園さん」と親しみをもって呼ばれる八坂神社の八坂は、八坂神社略史にある「新羅国牛頭山にいます須左之雄尊を皇国にて祭り八坂郷及八坂造《みやつこ》の姓を賜る」によるものか。

文政年間（一八一八〜三〇）には、お茶屋は七〇〇軒、芸妓・舞妓は三〇〇〇名にも及ぶ繁栄ぶりをきわめました（『鴨東佳話』）。

現在、春になると祇園町では「都をどり」が華やかに開催されます。

きっかけは、明治天皇の東京遷都で、繁栄にかげりがさした京都を立て直すために当時の府知事植村正直が企画した京都博覧会でした。

「花柳界を利用し、東京遷都のあとの京へ、灯をともそうと祇園万亭の主人杉浦治郎右衛門と相談し、伊勢古市から趣向をとって、都をどりを考えた」といいます。

明治五年（一八七二）、祇園の芸妓、舞妓の歌舞を披露することになりました。振り付けを担当したのは、舞の師匠だった片山春子（京舞井上流家元三世井上八千代）です。

伊勢音頭の総踊り形式を取りいれた振付は、両花道からの入場が大好評で、第二回目の博覧会以降、四条花見小路に常設の会場として歌舞練場を設け、毎年春に催されるようになりました。祇園甲部は井上流一流に限るという取り決めがなされ、現在まで受け継がれています。

その「都をどり」ではお茶席が設けられています。茶席でおこなわれる立礼様式は、裏千家十一代家元玄々斎宗室が考案したものです。お茶席は祇園町以外の花街でも「おどり」の催しにはつきもので、必ずおこなわれています。この茶席の伝統は水茶屋で湯茶をもてなしたところにまでさかのぼることができるのかもしれません。

《祇園東》

東山区四条花見小路上ル東側に位置する花街が、《祇園東》です。明治十四年（一八八一）、祇園甲部から分離独立しました。一時は「祇園乙部」と称されましたが、戦後は名称を「祇園東」に改め、現在に至っています。

この一帯が「膳所裏」と呼ばれるのは、禁裏守護の火消し役である江州膳所藩藩主本多主膳の京屋敷があった跡地だったからです。東は東大路、西は薬湯町の東側、南は富永町の北側、北は新橋の南側の地域。この地域が明治に入って分離独立したのですから、その発祥が八坂神社に関係していることは言うまでもありません。

明治三年（一八七〇）に膳所藩京屋敷が取り払われると茶屋がぞくぞくと軒を並べるようになり、繁栄したといいます。

《宮川町》

東山区宮川筋といわれる鴨川の東に位置する花街が《宮川町《みやがわちょう》》です。川端通りの一本東の小路で、四条通を起点に北から宮川筋一丁目・二丁目・三丁目・四丁目・五丁目がありました。

京都案内記『雍州府志《ようしゅうふし》』（貞享三・一六八六年）によれば、「四条河原祇園社の前にあるにより宮川という。毎年五月晦日、六月十八日少将井みこし、この川辺に出《い》ず、これを神輿洗いという」とあります。八坂神社の前にあったから宮川、あるいは神輿を洗う鴨川の川筋にできたから宮川というのがその由来ということになります。

京都の観光案内記『都名所図会』（安永九・一七八〇年）には「宮河というは、鴨川より南の別号なり。むかし、この辺に禹王の廟あり。後世人家つづいて町の名となれり」とあります。禹王は洪水を鎮める神のことです。

『山城名跡巡行志』（宝暦年間・一七五一～六三）には、宮川は鴨川の別名であり、鴨川の四条から下流が宮川でその筋にできたのが宮川町としています。

いずれにしても、宮川町の花街の発生が神社あるいは河原に関係していることがわかります。もともと、このあたり、江戸時代初期から少年たちの若衆歌舞伎の小屋と茶屋が立ち並ぶ「陰間《かげま》」と呼ばれる男色の街でした。四条の色宿・子供宿とも呼ばれていました。貞享五年（一六八八）に刊行された『諸国色里案内』には「ここはぶたい子。かげ間、野良のすみか、ぶたい子銀壱枚、かげ間屋金子壱歩、あるいは百匁」と当時の様子が記されています。

お茶屋の許可がおりた宝暦元年（一七五一）以後は、祇園と並ぶ遊興の地として大いににぎわいをみせました。

《先斗町》

中京区、鴨川と木屋町通りの間にある花街が《先斗町《ぽんとちょう》》です。鴨川に沿って北は三条から南は四条まで南北に五〇〇メートル続く細長い街です。河原町の東に新しくできた通り筋というので、新河原町通と呼ばれました。

寛文十年（一六七〇）、鴨川が改修され、新河原町筋ができたのが先斗町のもとで、元禄十五年（一七〇二）刊『万宝節用集町名鑑』には「東川筋三条下ル所より四条までを、ぽんと町という」という記事が見られます。

正徳二年（一七一二）、新河原町筋の三条・四条間に茶屋、旅籠が許可されました。文化十年（一八一三）、川端二条にあった二条新地の出稼ぎ地として認められ、明治初期には独立しました。

珍しい響きを持つ先斗という名前の由来にはいくつかの説があります。ポルトガル語の**ponto**（「先」の意）にあるとか、鴨川と高瀬川に挟まれているため、堤にたとえ、鼓が「ポン」となることに掛けて「ぽんと」となったというものです。

文献に「先斗町」の文字表記が登場するのは、正徳二年（一七一二）初演、近松門左衛門作の浄瑠璃『長町女腹切《ながまちおんなはらきり》』に「前には恋の底深き淵に憂身を先斗町。都の四季の月花を。ここにとどめて通路や」とあります。

先斗町をなぜ、「ぽんとちょう」と発音するのかは、いまだに解明されていません。

《上七軒》

北野天満宮門前の、上京区鳥居前町・真盛町・社家門前町の三ケ町を区域とする花街が《上《かみ》七軒《しちけん》》です。室町時代に北野天満宮再建の際、残った材木で七軒の茶店を建てたのが「上七軒」の由来とされています。神社門前から発生したことが良く理解できます。

花街としての発展は十七世紀前半です。天正十五年（一五八七）、天下統一を果たした豊臣秀吉が北野で大茶会を催した際、七軒の茶店を休憩所としたことがきっかけとなり、茶屋の営業権を与えられました。

上七軒界隈には、応仁の乱の後、茶の湯や能楽とのかかわりのなかで大きく発展した西陣織の町があり、花街として繁栄をきわめました。

現在、北野天満宮では、二月におこなわれる梅花祭、十二月の献茶祭といった行事がおこなわれます。お献茶は秀吉の北野大茶会にならったもので、お点前をするのは上七軒の芸妓、舞妓。上七軒が北野天満宮の氏子だからです。

《島原》

《島原》は、幕末時、京都で唯一の幕府公認の遊廓でした。天正十七年（一五八九）、京都再興の目的で豊臣秀吉が二条柳馬場に開設したのがはじまりです。その後、慶長七年（一六〇二）に六条三筋町に移り、幕府の移転命令により寛永十八年（一六四一）、現在の西新屋敷の島原に移されました。

島原という名前の由来は、あわただしい移転騒動が四年前に九州で起きた島原の乱を彷彿とさせるところから「島原」と呼ばれたとか、廓の構えが島原城の城塞に似て一方口だったためともいわれています。

その敷地は、東西九十九間、南北百二十三間、廓内は中之町・上之町・中堂寺町・太夫町・下之町・揚屋町の六つの町に分かれ、その外周は、高さ六尺の土塀と幅一間半の溝が掘られた本格的遊廓でした。

島原の最盛期は元禄年間（一六八八〜一七〇四）で、廓内の総人口が一七一五人を数えた年もあったといいます。すでに延宝（一六七三〜八〇）ごろには『朱雀遠目鏡』などの評判記や、島原を紹介した細見記などが出版されるほどでした。

京都の名妓として知られる吉野太夫は、島原に移る前の六条三筋町時代の太夫です。灰屋紹益と近衛信尋が吉野太夫をめぐって争ったというエピソードが人口に膾炙しています。灰屋紹益は当時の後水尾天皇の実弟近衛信尋を蹴落として吉野太夫を落籍します。紺染に用いる灰を商う家の御曹司でしたが、落籍により父紹由に勘当され、ふたりは貧窮します。曲亭馬琴は、息子を勘当した紹由の話を『著作堂一夕話』に載せています。

所用あって下京のほうに出かけた父紹由が雨にあい、かたわらの家の軒下に雨宿りをしていると、その家の女房が紹由を家へ招じ入れ、「主人は留守ですが」と言いながら、茶を点ててくれた。その点前といい、道具といい、このあたりの町屋の人とは思えぬ風情があった。家に帰ってそのことを語ると、その家こそ、勘当した息子の家でその女性が吉野であった。父紹由の勘気はたちまち解けた。

挿話として伝説になるような名妓を輩出しますが、島原はその後衰退していきます。理由は、地の利の悪さと祇園をはじめとして続々と生まれた新興花街の繁栄に押されたためです。

曲亭馬琴が書いた享和三年（一八〇二）刊行の紀行文『羇旅漫録《きりょまんろく》』には「島原の廓、今は大いに衰えて、曲輪の土塀なども崩れ倒れ、揚屋町の外は、家もちまたも甚だきたなし。太夫の顔色万事祇園にはおとれり。しかれども人気の温和古雅なるところは、なかなか祇園の及ぶところにあらず。京都の人は島原へゆかず、道遠くして往来わずらわしき故なり。ゆえに多くは旅人をも祇園へ誘引す」と記録されています。

幕末には、揚屋角屋に、西郷隆盛、桂小五郎、久坂玄瑞、坂本龍馬、山縣有朋、伊藤博文などの勤王の志士たちや、近藤勇、芹沢鴨ら新撰組が出入りしていました。

現在、旧揚屋や旧置屋の建物が、往時の風情を伝える文化空間となりました。

「もてなしの文化美術館」となった角屋（図1）、置屋だった輪違屋《わちがいや》、島原の入り口である大門が往

図1　京島原の揚屋角屋

時の名残をとどめ、伝統の再現という方法で、観光客を動員しています。

神社門前と河原と公権力

これらの花街に共通することは、「花街の発生は、神社門前や河原であり、さらにそこに公権力が働きかけ、現在の場所を決定している」という事実です。

祇園甲部、祇園東、上七軒は神社門前の茶屋が、先斗町、宮川町は鴨川河原が、花街の発生場所であったことは見てきたとおりです。

花街が発生する神社門前や河原はどういう場所なのでしょうか。

神社界隈や河原に花街が発展した理由としては、従来、その場所が無税地だったとか、町奉行所の管轄外だったという説明がなされてきました。

もっと根本にさかのぼると、そこは「神々に出逢える場所」でした。神社が現世における神の住まう仮の場所――その神と人とが出逢う場所であり、河原が神の住む場所と人間が居住する境界だったからです。

こうした神観念と花街の発生場所がなにを意味するのか、このテーマについては、「生命更新」をキーワードに諏訪春雄先生が、日本人の伝統的なものの見方や考え方に照らして論じています。

ここでは、花街の本質を「神々と出逢い、生命を更新する場所」と規定する諏訪春雄先生の新見からみえてくる花街論が、実は日本文化理解にあらたな視点を提供しているということを述べるにとどめます。本書「京都の花街　生命更新の場として」をご参照ください。このテーマはシンポジウム1「京都の花街と芸能―もうひとつの日本芸能史―」でも取り上げています。

政治権力が「性」を管理する

祇園甲部、祇園東、先斗町、宮川町、上七軒の五花街と違う成立のしかたをしたのが、官許の花街である島原です。

官許の島原の前身として開設された二条柳馬場が、京都再興の目的で豊臣秀吉によって造られ、何度かの幕府の移転命令により西新屋敷に移ったのが島原であったように、江戸時代になって都市の発展とともに、政治権力が「性」を管理するようになったのが官許の遊廓の成立した理由です。

江戸時代になって、遊里を廓と呼ぶようになります。

まわりを囲い、大門口があり、そこから入っていくという遊廓は近世に入って成立します。

そういう意味では、遊廓というのは都市社会の産物です。遊廓とは、

1　古代中国で、都市を囲んだ土壁
2　ものの外回り。また、囲まれた場所
3　遊廓、遊里、いろまち

という意味があります。

官許の遊廓は、まわりを囲って、大門口から入っていくという構造で、京都の島原も江戸の吉原も大坂の新町も共通しています。

「京都の代表的花街」では、京都のおもな花街が、共通して神社や河原で、あるいは公権力の干渉によって発生していることを確認しました。

この事実がなぜ大事なのか。それは花街が、日本文化を知るための重要なキーワードだからです。

花街のにぎわい

花街が日本文化史上に持つ大きな意義を明らかにする上で注目するべきは、京都の花街が現在進行形でにぎわいをみせているという事実です。

それぞれのにぎわいぶりを眺めてみましょう。

祇園町。「都をどりは〜、よ〜いやさ〜」と桜の枝を手にした芸舞妓が登場する祇園町恒例の「都をどり」。四月一か月間にわたる歌舞練場での開催は観光バスを連ねて客が押し寄せるほどの人気です。芸妓の芸を披露する秋の「温習会」とともに、注目度が高いのが特徴です。

祇園町から分離した祇園東は、秋十一月初旬に「祇園をどり」を開催しています。舞踊の流派は藤間流です。

宮川町は四月に宮川町歌舞練場で芸舞妓による「京おどり」、芸妓による秋の「みずゑ会」が披露されます。若柳流の家元が振り付けしたという「京おどり」のフィナーレの総踊り「宮川音頭」が大人気で、明るい雰囲気を盛り上げます。

宮川筋三丁目から六丁目あたりが歴史的景観保全修景地区に指定され、情緒ある町並みが観光スポットとなっています。

祇園町とよきライバルである先斗町。明治五年（一八七二）、祇園町が「都をどり」をはじめると、先斗町も負けじと、同じ年に「鴨川をどり」を初演しました。現在、五月に先斗町歌舞練場で開催される「鴨川をどり」は、二部構成で踊りのほかに芝居仕立ての出し物が特徴で、芸舞妓の芸の見せ所が人気の中心となっています。歌舞伎仕立ての内容は尾上流の尾上菊之丞が監修しているからでしょう。

五月、鴨川の川べりに納涼床が出ると、格別のにぎわいをみせるのも先斗町ならではの風情です。秋には芸妓の芸を競う「水明会《すいめいかい》」がおこなわれます。

上七軒。第一回「北野をどり」は昭和二十七年（一九五二）三月初演です。菅原道真公一〇五〇年万灯祭に協賛したのがはじまりです。

秋の温習会「寿会《ことぶきかい》」は歴史も古く、明治三十五年（一九〇二）には開催されており、そのころは篠塚流の京舞でした。現在は花柳流です。

人気を集めている夏の上七軒歌舞練場庭園でのビアガーデンは、「日本最古の花街である〈上七軒〉の再生を目的」に池坊学園太田達教授を中心に平成十五年（二〇〇三）に立ち上げた花街文化研究会の成果のひとつです。

明治三十年代（一八九七〜一九〇六）に建築された歌舞練場が、大規模改修工事を終え、平成二十二年（二〇一〇）、四月に新装オープンとなり、にぎわいをみせています。

毎年、六月には「都の賑い」と称して、五花街の芸舞妓による合同特別公演が開催されます。二日間限りの催しですが、京都だからこそ実現可能な華やかな舞台を楽しむことができます。

現在進行形でにぎわいをみせている京都の花街、その事実は、京都が、京都の花街が日本文化の本質を知るうえで大きな意味を持っていることを裏づけています。

花街と芸能・芸道
―― 近世前期の京都を中心に ――

森谷　裕美子

これから近世前期の京都を中心に花街《かがい》の芸能と芸道について見ていきたいと思います。まず花街と芸能との関わりとして、歌舞伎との関係を見てみましょう。

Ⅰ　花街と歌舞伎

遊女歌舞伎

よく知られるように歌舞伎は、出雲出身（一説には奈良あたりの声聞師《しょうもじ》傘下の「アルキ巫女」。声聞師とは中世、占いや門付芸を生業とした芸能民）とされる「おくに」という女性が慶長八年（一六〇三）の春「かぶき踊り」を興行したことに始まります。「おくに」の興行場所は京の五条河原や北野でした。その後、慶長十三年には四条で女歌舞伎が催されていた記録が残ります。現在、京都の四条川端通りには「出雲の阿国《おくに》」の像や「阿国歌舞伎発祥地」の碑が設置されていますが、実は、「おくに」が四条河原で興行したという正式な記録は見当たりません。もしかすると「おくに」もふくまれていたのかもしれませんが「おくに」という個人の名ではなく、あくまで女歌舞伎の興行が四条河原で催されていたということのようです。この女歌舞伎の時、舞台で演じていたのは傾城、遊女たちでした。たとえば万治年間（一六五八～一六六〇）に成立したとされる『東海道名所記』には「六条の傾城町より佐渡島《さどじま》というもの、四条河原に舞台をたて、

図１　佐渡島歌舞伎　静嘉堂文庫所蔵「四条河原遊楽図屏風」

けいせい数多出して舞をとらせけり」とみえます。また元禄二年（一六八九）頃の『舞《ぶ》曲《きょく》扇林《せんりん》』によれば「六条嶋原に佐渡嶋という轡《くつわ》（遊女屋）あり。遊女多くかかへ持、それぞれに芸を習せり。其中に小大夫と云下賤をお郡《くに》と名をかへ、北野千本松にて、始て歌舞妓しばゐ致し侍る」とあり、佐渡島（佐渡嶋）という遊女屋にいた女性が「おくに（お郡）」ということになっています。つまり歌舞伎の誕生、そして初期の歌舞伎には遊女が関わっていたといえるでしょう。佐渡島歌舞伎の舞台は静嘉堂《せいかどう》文庫所蔵の四条河原遊楽図屏風に描かれています（図1）。ほかに林又一郎（又市郎）という人物が歌舞伎集団を率いていたという

図２　又一大かぶき　堂本家所蔵「四条河原遊楽図屏風」
（『歌舞伎開花』角川書店）

例もあります。林又一郎は豊臣秀吉が初めて開いた公許の二条柳町の遊廓に関わりを持ち、その後移転された六条三筋町《みすじまち》の遊廓に住み、伏見でも遊女屋を営んでいたとされる人物です。堂本家所蔵の四条河原遊楽図屛風には「又一大かぶき」の舞台の様子が描かれています（図2）。

若衆歌舞伎

寛永六年（一六二九）、遊女歌舞伎や女芸に対して全面的な禁令が出ます。実はそれまでにもたびたび禁令が出されていたのですが、これにより遊女歌舞伎は興行できなくなりました。遊女歌舞伎がなぜたびたび禁止されたのか？　それはやはり「遊女」という言葉から想像がつくように、売春と関係があったからだと考えられます。事実、『東海道名所記』には「歌舞妓過ぎては、祇園・霊山《りょうぜん》・丸山に、傾城共をあげ、夜もすがら遊ぶ」とあります。遊女歌舞伎の舞台は、いわば「張りみせショー」の役割を果たしていたのでしょう。遊女歌舞伎に入れ替わるようにして次に表舞台に現れたのが、若衆《わかしゅ》歌舞伎でした。ただ若衆歌舞伎は遊女歌舞伎が禁止された後にわかに始められたものではなく、実は遊女歌舞伎と並行して、あるいはもっと早い時期から興行されていた芸能であることが、今までの研究で指摘されています。

若衆歌舞伎で舞台に立つスターは若衆、つまり成人前の少年でした。『舞曲扇林』には「若しゆかぶきといふ事、佐渡嶋が子は、左源太・小源太とてあり。二人ともに芸よく致し侍る故、四条河原におゐて、始て若しゆかぶき致し、それより次第に四条河原に芝居あまた出来ぬ」とあります。『舞曲扇林』の記述には「佐渡嶋」がよく登場し、歌舞伎の起源はあたかも佐渡島であるような印象を受けます。真偽のほどはわかりませんが、遊女屋を営んでいた佐渡島が若衆にも関わりを持っていたのであろうことが推測できます。若衆は衆道の対象でした。現代まで残されている江戸時代の歌舞伎の絵画を見るとき、遊女歌舞伎か若衆歌舞伎かを判断する一つの基準として、観客にお坊さんが多ければ若衆歌舞伎と考える、という見方もできるようです。若衆歌舞伎も芸能として存在する一方で、やはり売色を断ち切れなかったのです。

野郎歌舞伎

若衆歌舞伎に対しては承応元年（一六五二）に江戸で、さらに寛文元年（一六六一）にも上方で禁令が出されます。以後は成人男子が中心となり舞台をつとめる野郎歌舞伎の時代となりました。この野郎歌舞伎が現代まで続く歌舞伎の祖型です。次にこの野郎歌舞伎を評した役者評判記と遊女評判記について見てみましょう。江戸時代は「評判記」が盛んに刊行された時代でした。現代におけるランキング本の類といってもよいかと思われます。さまざまなものが対象となりましたが、歌舞伎役者も遊女も評判の対象としてとりあげられ、それが出版物として世に出されました。

Ⅱ　遊女評判記と役者評判記

おくに歌舞伎、遊女歌舞伎、若衆歌舞伎の時代をへて、野郎歌舞伎隆盛の時となりました。歌舞伎と花街との間柄は疎遠になったのでしょうか。例えば貞享三年（一六八六）の役者評判記『難波《なにわ》立聞《たちぎき》昔語《むかしがたり》』佐渡島伝八の評には「取ゑはおどりが上手とて新町四筋女郎かぶろ。是にきゑせぬものなし」「佐渡嶋てけいこくなびくしかけ有」とみえます。これは大坂における歌舞伎役者の評判ですが、前項で見た佐渡島座の流れを恐らく汲んでいる役者が、踊りが上手で大坂の女郎や禿《かぶろ》から支持を得ている様子がわかります。この佐渡島伝八の評文一例のみで決めつける訳にはゆきませんが、役者と花街とは、どこかでつながりがあるのではないかと感じさせる文章です。

近世、つまり江戸時代には、歌舞伎役者の評判記が近世初期から幕末（以降）まで刊行され続けていました。一方、花街に関しても役者評判記より以前、近世のごく初期から中期まで遊女評判記が出されています。この二つから花街と歌舞伎の関連性を見てみましょう。

まず明暦元年（一六五五）刊、遊女評判記『桃源集《とうげんしゅう》（嶋原集）』（図3）は、遊女を「松の部」と「梅の部」に分けて評しています。一人一人の評文の後には漢詩と狂歌が付けられています。翌年の明暦二年刊『まさりぐさ』（図4）では、「松の部」のような部立て、漢詩、狂歌は見られませんが、遊女の名前の上にそれぞれの紋が入っています。これを万治三年（一六六〇）の『野郎虫《やろうむし》』（図5）、寛文二年（一六六二）の『剝野老《むきどころ》』（図6）という役者評判記と比較すると、『野郎虫』『剝野老』共に、名前の上の紋、評文、漢詩、狂歌という体裁になっていて、評判本文の書き方は遊女評判記とほとんど変わらないことがわかります。ただ役者評判記には挿絵が入っていますが、遊女評判記には見当りません。挿絵を入れる形式については役者評判記の方が先んじているようです。しかし評判の書き方やその他の形は遊女評判記の方が先に決っていて、役者評判記はそれを似せて作っているように見受けられます。また『桃源集』評文には「お茶は初対面にても望次第」（三笠評）、「お茶はよし」（初音評）などとありますが、寛文三年の後書きのある伊勢地方の役者評判記『赤烏帽子《あかえぼし》』にも「御茶ひろし」（小森勝太夫評）、「お茶せばし」（岩村勘弥評）などと書かれ、「お茶」とは性交渉に関する言葉であることがわかります。ほかに『赤烏帽子』の後書きに長い漢文が付けられていますが、これは『桃源集』巻末に付されている「桃源集序」が漢文で書かれていることとよく似ています。さらには京の役者と

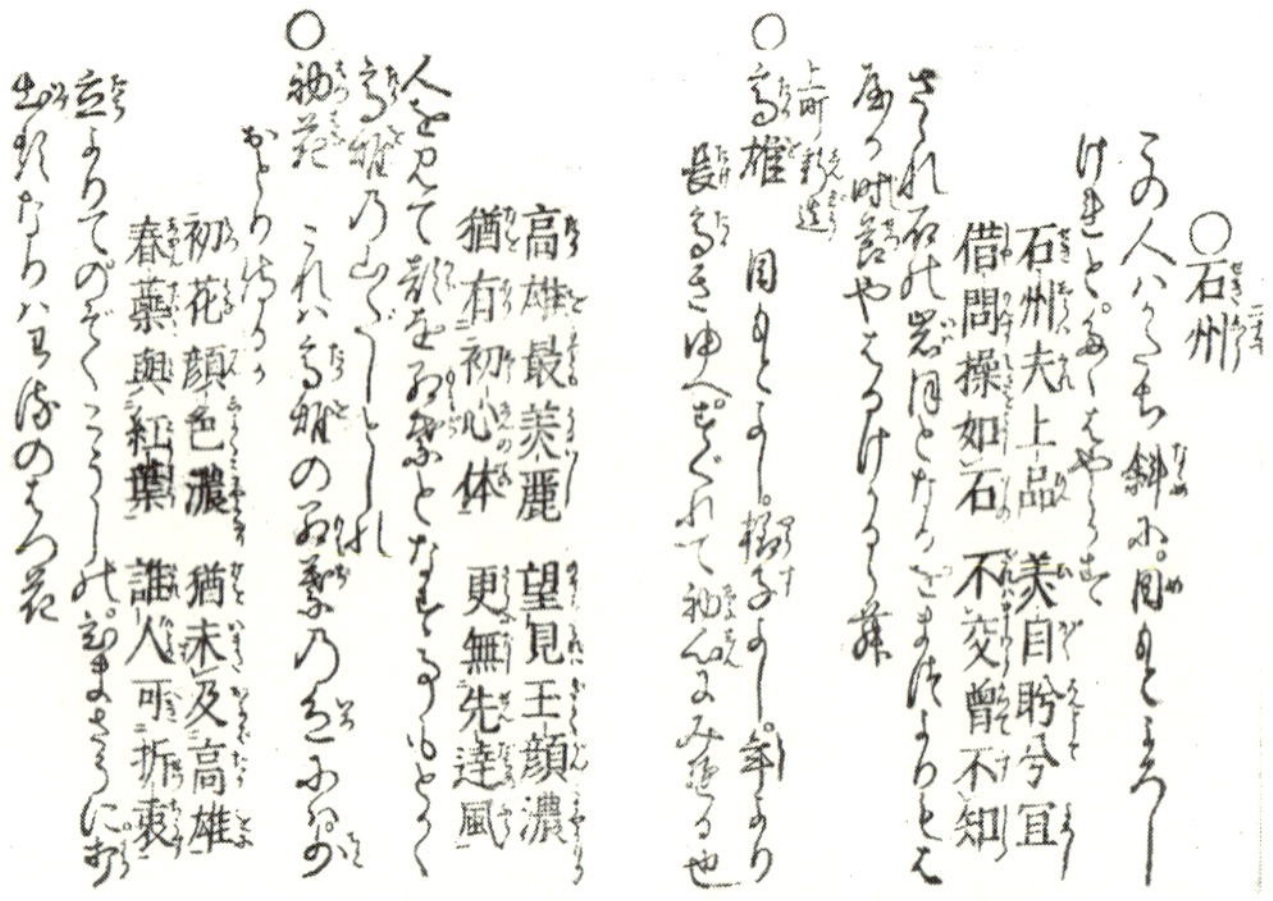

図３　遊女評判記『桃源集』天理大学附属天理図書館所蔵
（『天理図書館善本叢書和書之部第11巻（遊女評判記集）』八木書店）

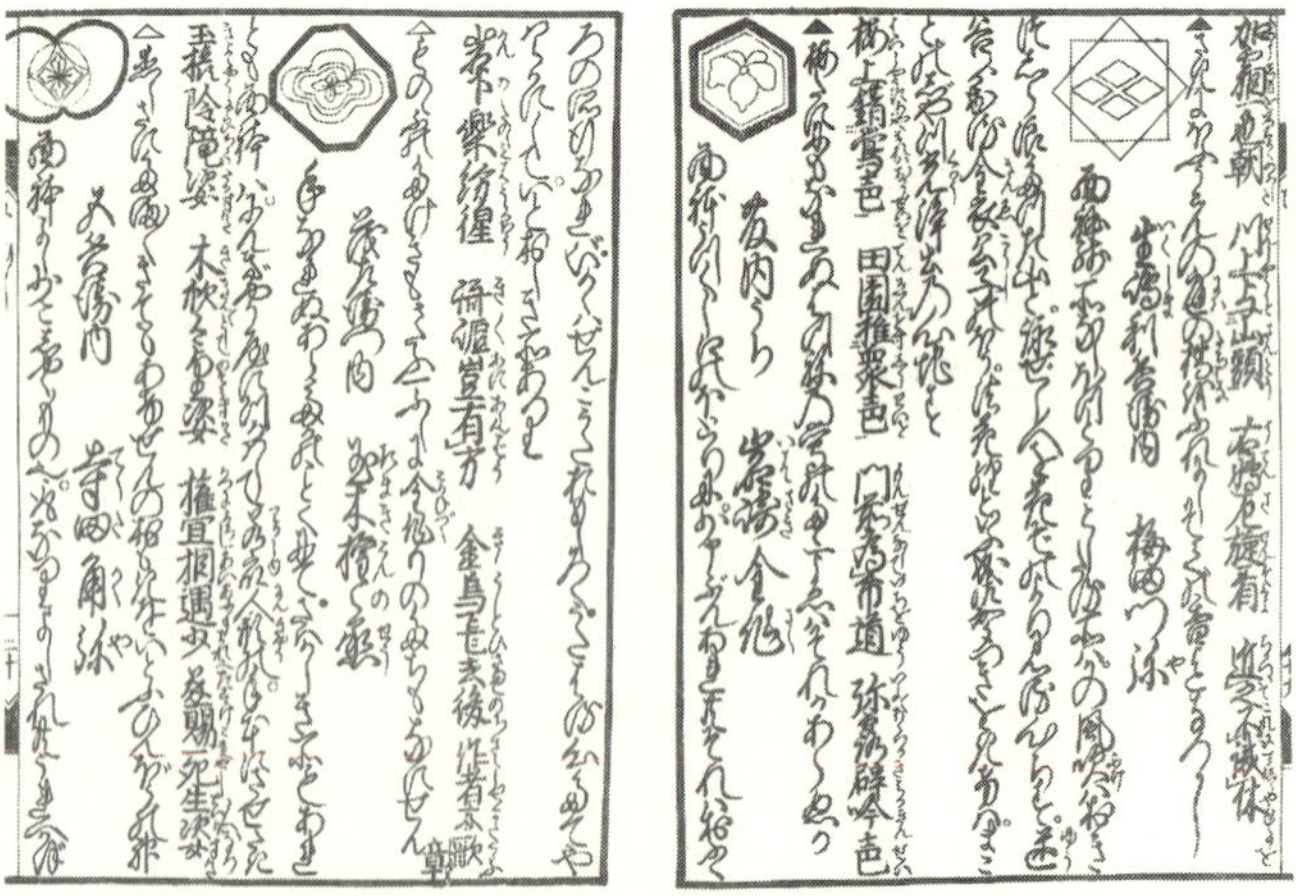

図５　役者評判記『野郎虫』
（『新編稀書複製会叢書第22巻（役者評判記・歌謡）』臨川書店）

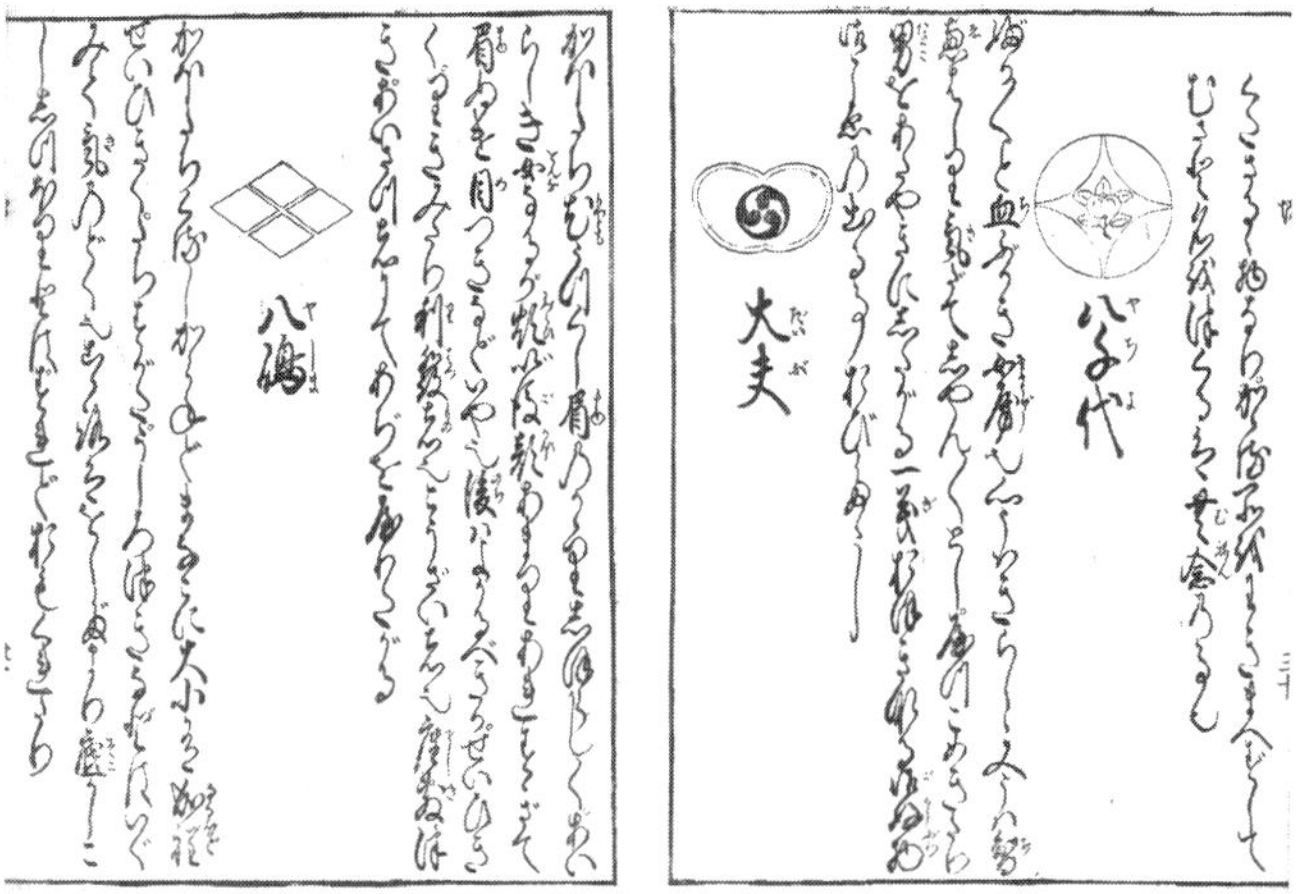

図４　遊女評判記『まさりぐさ』天理大学附属天理図書館所蔵
（『天理図書館善本叢書和書之部第11巻（遊女評判記集）』八木書店）

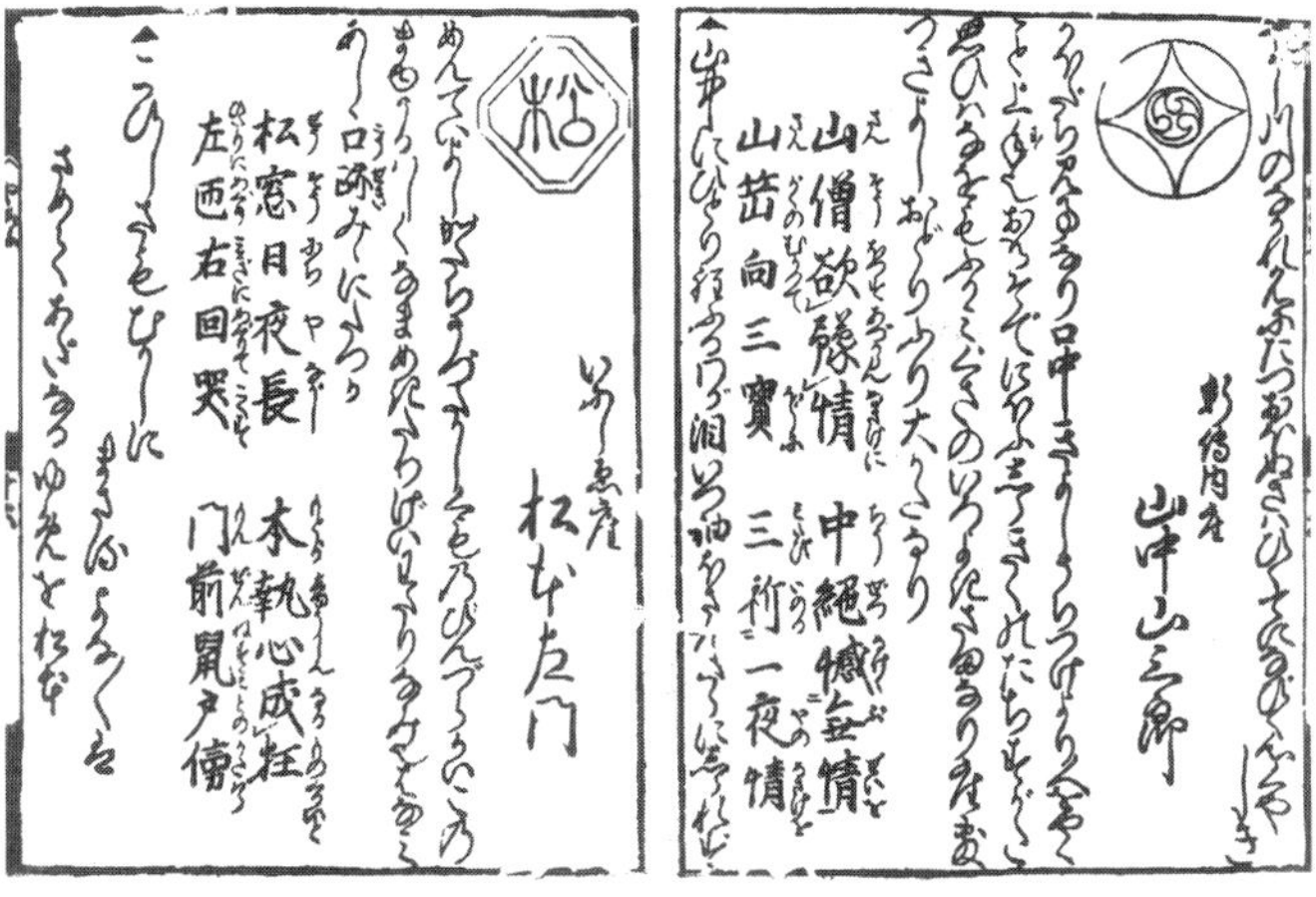

図６　役者評判記『剃野老』
（『新編稀書複製会叢書第22巻（役者評判記・歌謡）』臨川書店）

島原の太夫を二人一組にして評した延宝九年（一六八一）『おもはく歌合《うたあわせ》（哥合）』（図7）といった書まで出されているのです。これらのことから歌舞伎と花街がかなり密接な関係にあることが伺えます。現在残されている江戸時代初期の役者評判記は、それより先に出された遊女評判記をまねたものと判断できるでしょう。

その他、評判記ではありませんが歌舞伎の『古今役者物語《ここんやくしゃものがたり》』（図8）と花街の『吉原恋の道《みち》引《びき》』（図9）は、延宝六年に同じ出版元から出された本で、文章や挿絵の配置、挿絵の上に紋を入れる様子など描かれ方が大変よく似ています。この二つの本は上方ではなく江戸で刊行されたものですが、これらも歌舞伎と花街が親しい関係にあることを、端的に示しているといえそうです。

図7　『おもはく哥合』
（『歌舞伎評判記集成』別巻　岩波書店）

図８　『古今役者物語』　珍書刊行会本

図９　『吉原恋の道引』
（『新編稀書複製会叢書第27巻（遊女評判記・花街本）』臨川書店）

これまで見てきた例からも、近世初期において花街と歌舞伎は、姉弟のような関係にあったといえるでしょう。花街と歌舞伎における深いつながりが確認できたところで、次に芸道について、見てみましょう。

Ⅲ　花街と芸道

近松門左衛門作、元禄十二年（一六九九）に初演された歌舞伎『けいせい仏の原』絵入狂言本上本《じょうほん》（筋書を並本より詳しく記した本）では主人公の梅永文蔵《うめながぶんぞう》が越前（福井県）三国《みくに》の傾城であった奥州という女性について、懐かしく思い出しながら次のように話します。梅永文蔵を演じたのは傾城買い狂言に多く出演し、濡れ事を得意とした初代坂田藤十郎《さかたとうじゅうろう》でした。「先あふしうが・けたかさ千人にひとり・扨しやみを引・歌もなる・手もよし・小歌も上手（まず奥州の気高さは千人に一人。さて三味線を弾く。和歌も詠める。書道もよくする。小歌も上手）」。奥州は三国の傾城でしたが、花街において三味線や和歌、書道、小歌といった芸道も、立派な傾城になるためには欠かせないものであったことがわかります。延宝六年（一六七八）頃に成立した、藤本《ふじもと》箕山《きざん》の『色道大鏡《しきどうおおかがみ》』を見てみましょう。『色道大鏡』は、全国の遊廓についての百科全書のような内容を持つ大部な書で、近世前半、元禄期よりも前に成立しました。その中には、遊廓の規範は京都に準じる、ということも記されています。当時から京都は全国の花街を代表するような土地であったことが伺えます。巻第七「翫器部《かんきのぶ》」には三味線、琴、小弓《こきゅう》、尺八、貝覆《かいおおい》、続松《ついまつ》、加留太《かるた》…と遊女にとって必要な芸道というべきものが並べて書かれています。また巻第八「音曲部」には巻頭から、小歌、浄瑠璃、説経、船歌、躍《おどり》口説《くどき》とあります。傾城になるためには芸道に対しても大変な修練が必要であったようです。本文を読んでみると、巻第七「翫器部」三味線の項では「抑《そもそも》傾国の芸において、三味線にうへこす物なし。傾城の是にうときは、官家の人の和歌を詠ぜず、武士の弓ひくすべしらぬにひとしければ、尤《もっとも》修練すべき道なり」とあり、三味線が最も重要であるように述べられています。しかし巻第九「文章部」では、「傾城の芸に、三味線に上こすものはなしといへど、物かく事第一にして、三味線是に続べし」とあり、今度は書道や手紙等を上手に書くことが三味線よりも大事であると説いています。少し理解しがたいのですが、恐らく両方とも非常に大切なものであったのでしょう。音曲や書道は芸道の部類に入ると思われ、『色道大鏡』でもそれぞれについて事細かに記しています。ただ不思議なことに舞や踊りといった芸能に関する記述は案外少ないのです。傾城の髪や衣装といった細かい点にまで言及している書であるのに、舞や踊りの心得等は全くといってよいほど見当たりません。芸能と芸道は分かちがたい部分もあると思われますが、『色道大鏡』においては芸能よりも、芸道を重要視しているように見受けられます。

Ⅳ　花街と茶

豊臣秀吉によって作られた公許の花街、島原を除いて、京都の花街は寺社門前や河原などにできていきました。そして、その発生にあたり必ずといってよいほど登場するのが茶屋です。京都の花街は、茶屋の発生から始まったといってもよいのではないでしょうか。ただ、一口に茶屋といってもいろいろな種類があるようです。参詣人や客の休憩に使われる一般的な水茶屋や、料理茶屋、旅籠茶屋、芝居茶屋など。ほかに色茶屋、蛍茶屋などは売春を含んだ怪しい茶屋です。茶屋には茶立て女もしくは茶汲み女がいて、怪しい茶屋では茶立て女（茶汲み女）が売春に関係していました。茶屋については加藤政洋氏『京の花街ものがたり』に詳しく書かれています。蛍茶屋なども表向きは水茶屋の風を装っているので、ある男性が間違えて入ってしまい、茶屋の女が奥に誘うので驚いてその茶屋を去ったという話もあります。茶屋が集まって茶屋街ができ、そこから花街が作られていきました。花街の形成に「茶」が関わっていた、というのは興味深いことだと思います。

「茶屋」と一緒にしてよいのかどうかわかりませんが、遊女の嗜みとしても「茶」は重要な役割を果たしていました。『東海道名所記』には当時、島原一番の太夫であった「八千世《やちよ》（八千代）」が客人に茶の湯でもてなす様子が書かれています。床の間の掛け物には定家の短冊などが飾られます。置物には業平《なりひら》の御成敗式目ほか。珍しい道具類もあります。芦屋釜、高麗茶碗、瀬戸の茶入に至るまで「天よりや降りけん、地よりやわきけん」というほど豪華です。床に生けた花も「此世にあるべしとも覚えず」と書かれています。八千世の茶を点てるありさまは「しめやかにもてなし。筍《たかんな》のごとくなる手に。濃紫のふくさ物とりもち。茶入をぬぐふよりして。ふり出す手のしな…あつた物ではなかりけり」という具合でした。茶の湯は茶道、つまり芸道というこ

図10　『剃野老』
（『新編稀書複製会叢書第22巻（役者評判記・歌謡）』臨川書店）

とになります。茶も花街における芸道の一つといえるでしょう。

茶屋、その中でも色を売る茶屋から恐らく花街は生まれたと考えられます。先に見たように性にまつわる言葉としての「茶」もありました。しかしその一方で、立派な芸道としての「茶の湯」も花街には存在していました。「茶」とは大変広い意味を持つ言葉であることがわかります。ちなみに歌舞伎役者も茶の湯のありさまを演じたり嗜んだりしたようで、前出の役者評判記『剝野老』（図10）には役者の「たま村吉弥《きちや》」が茶を点てている様子が描かれています。

Ⅴ　芸妓《げいこ》（芸子）と舞妓《まいこ》（舞子）

現在の花街では十代の少女の頃は舞妓として過ごし、十代の終わりから二十代に入ると衿替え（舞妓から芸妓になる儀式。舞妓の華やかな半衿から、芸妓の白い半衿に替わることによる）をして芸妓になることが多いようです。舞妓と芸妓では、髪かたち、着物、履き物なども異なり、少女としての舞妓、大人の女性としての芸妓をそれぞれ魅力的に見せています。

しかし江戸時代の芸子と舞子は、現代とは少し違っていたようです。まず芸子についてですが、寛政四年（一七九二）頃に刊行された神沢杜口《かんざわとこう》の『翁草《おきなぐさ》』という随筆に「芸子といふは、やゝ四十年あまり前に始まりて殊に近き世の中也」とあり、芸子というのは四十年前頃に始まったとあります。四十年あまり前とは宝暦（一七五一～一七六三）頃のことと考えられます。一方、舞子は『色道大鏡』にも見えますので、元禄以前にはもういたのでしょう。『色道大鏡』によれば、舞子とは舞女のことで、以前はある御所がたの召使いの女子を集めて、かぶきの踊りや舞を舞わせて楽しんだが、今は浪（牢）人の娘などに芸を学ばせ、鼓、三味線で拍子をとり、小舞を舞い、歌声を発するのを舞子という、とのことです。そして舞の後は酒宴の友とした、とあります。井原西鶴《いはらさいかく》の浮世草子『好色一代女』巻一―二では「若衆のごとく仕立てける。小歌うたはせ、踊らせ、酒のあいさつ、後には吸い物の通ひもする事なり…いづれを見ても、十一、十二、三までの美少女なるが」とあり、若衆のような格好をさせて、小歌を歌わせ、踊らせ、酒の相手、さらには吸い物を運ばせたりもした…どれを見ても十一から十三歳までの美少女であった、ことがわかります。天和二年（一六八二）『好色一代男』巻四―五でも西鶴は舞子のことを「とりなり男のごとし」と書いているので、舞子は今と異なり、少年のような風情であったのでしょう。

女性の芸子は、宝暦頃から始まったようですが、それ以前の「芸子」といえば、実は歌舞伎の若衆のことでした。元禄十三年（一七〇〇）の役者評判記『役者談合衝《やくしゃだんこうづく》』京の巻、序文には「何と芝居のはじまり・芸子のおこりは・いつ時分にて候やと・」「ぜひにかたれ・芝居の芸子か・但又地若衆かと・（是非とも言え。歌舞伎の若衆か、ただし又は素人の若衆なのか、と）」という文章が見えます。宝永八年（一七一一）の浮世草子『傾城禁短気《けいせいきんたんき》』二之巻―一では「傾城遊女ほど無欲成ものはなし。芸子の欲深く偽り多き品は、古来より経々《つねづね》に大分説きおかれた。（傾城や遊女ほど欲のない者はない。芝居の若衆は欲深く嘘が多いという性格は昔から常々にずい分言われてきた。）」とあります。はたして傾城や遊女は欲が無くて、芸子が欲深く偽りが多かったのかどうかはわかりませんが、傾城、遊女と芸子とは相対するものであったのでしょう。かつて芸子は歌舞伎の少年役者、舞子は少女で少年の格好をしていたことが、今までの例からいえそうです。ただ両者とも芸能や芸道に関わっていた点では今と同じかもしれません。

Ⅵ　まとめ

以上、花街における芸能と芸道について述べてきました。芸能と芸道は、何となく区別できるようにも思いますが、すっぱりと分けることが難しい部分もあります。本稿では、芸能と芸道を分けることが目的ではなく、花街における文化、芸術がいかに多彩で豊かであるかということを再確認したいという思いから、いくつかの事項をとりあげました。まだ触れていない芸能、芸道もあると思います。江戸時代においては、花街と歌舞伎がいかに深くつながっていたのかがわかってきました。花街と歌舞伎は、芸能と芸道で結ばれているといっても過言ではないと思われます。一方、避けられない問題として、売春、売色があります。芸能と売春がなぜ結びついているのか等、解明しなければならない点もまだあります。

むろん、現在の花街は江戸時代とは異なります。花街と深く関わりを持ちながら発展した歌舞伎も同様です。江戸時代から継承された芸能と芸道が、現在でも高い水準に保たれ開花している場所、男性のみならず女性をもひきつけてやまない魅力のある場所、それが今日の京都の花街といえるでしょう。いまや花街を除いて日本の芸能と芸道は語れないように思います。

参考文献

・小野晋氏編『近世初期遊女評判記集』本文篇・研究篇　近世文芸資料9　古典文庫　一九六五年
・小野晋氏「遊女評判記と野郎評判記」（『歌舞伎評判記集成』二　月報　岩波書店　一九七三年）
・諏訪春雄氏『歌舞伎史の画証的研究』飛鳥書房　一九七四年
・守屋毅氏『京の芸能　王朝から維新まで』中公新書　一九七九年
・中野三敏氏『江戸名物評判記案内』岩波新書　一九八五年
・宗政五十緒氏「上方の遊里と文学」（宗政五十緒氏編『江戸時代　上方の地域と文学』龍谷大学仏教文化研究叢書2　同朋舎出版　一九九二年　所収）

・沖浦和光氏『「悪所」の民俗誌―色町・芝居町のトポロジー―』文春新書　二〇〇六年
・『新版色道大鏡』八木書店　二〇〇六年
・太田達・平竹耕三氏編著『京の花街　ひと・わざ・まち』日本評論社　二〇〇九年
・加藤政洋氏『京の花街ものがたり』角川選書　二〇〇九年
・諏訪春雄・広嶋進・染谷智幸氏編「西鶴と浮世草子研究」四　笠間書院　二〇一〇年

京都の花街　生命更新の場として

諏訪春雄

Ⅰ　京都の代表的花街

昭和二十年代の全国の代表的花街を自分の足で歩きまわって調べた記録がのこされています。松川二郎の『全国花街めぐり』です。いまとなっては貴重な記録です。この松川二郎が、京都の花街として調査対象にした花街は以下の場所でした。

祇園甲部　東山区　八坂神社社前
祇園東　東山区　八坂神社社前

島原　　下京区　最初京都唯一の官許の遊廓　寛永十八年六条三筋町（初め堀川傍の二
　　　　　　　　条柳町）から移転
先斗町　中京区　鴨川河原
宮川町　東山区　鴨川河原
七条新地　下京区　鴨川・高瀬川河原
上七軒　上京区　北野天満宮界隈
五番町　上京区　北野天満宮社前　愛宕山参詣道筋

これらの花街はすべて神社周辺か河原で発生していました。のちに、官許のくるわとして下京区に移転した島原も初めは堀川傍の二条柳町に位置していました。

河原や神社境内は、無税地であったからとか、くるわを支配する町奉行所の管轄外であったからとか、が理由としてあげられます。しかし、それだけではありません。河原や神社境内は、神が降臨する場所であった、というのが最大の理由です。神が降臨する場所とは、神のいますところ、つまり他界につながっています。つねに神が行き来する場所でもありました。神をお招きして祭りを行なう場所。そこに花街が設営されたということは、花街の本質も神の祭りと関係させて考えなければならないという事実を示しています。

Ⅱ　花街はお旅所

花街は、神祭りの場所としての性格をもっています。この事実についてさらに考えます。世界いずれの国でも、神と呼ばれる存在は、最初は自然物でありました。人間と特別の関わりをもっている自然物が神とあがめられました。天体・気象現象、木石山水・動植物など、自然現象や自然物に、超越的な力の存在をみとめ、神とみなしました。この段階の神は、人間のほうから神に接触し、神が人間に接近してくることはありませんでした。天体、動物などが、定められた動きをすることがあっても、人間の祈りに応えて神が人間に近付いてくるとは考えられていませんでした。

神はなぜ動きはじめたのか。以下は私の考えた六つの理由です。

1　幻覚

英国の人類学者エドワード・バーネット・タイラーは睡眠・死・夢・幻覚など広義の幻覚作用の中で人類は神を認識したという（『原始文化』一八七一年）。動く神も物体を離れて訪れてくる神の幻覚のうちに認識した。

2　動く神の認識　循環する神

燕・雁・鶴・白鳥などの渡り鳥、カツオ・マグロ・サンマ・イワシなどの回遊魚、蛇・蛙・熊などの冬眠動物が決まった季節に姿を見せる現象は本体そのものの移動で霊魂の移動ではないが、同一の神の来訪活動とみなされ、複数の固体に宿る一柱の神という観念を形成した。

3　繰り返す自然現象

太陽の出没、月の満ち欠け、潮の干満、四季の巡行、季節ごとに吹く風、植物の繁茂・落葉・結実などの自然の繰り返しも、これらに神々の姿を見ていた古代人には神そのものが動くように観念された。

4　人間による移動が神自身の移動に変わる

諏訪の御柱、伊勢神宮柱引きなどである。

5　複数の神が同一の信仰対象になる

山岳信仰で三輪山と香具山を神として信仰した古代人にとって、同一の山ノ神が移動しているように観念された。

6　同一の神が複数の信仰対象になる

三輪山の陰陽石などのように、同一種類の岩石が生殖・健康・豊穣・天候などの祈願対象となった場合、同一の種類の神が移動するように思われた。

このような理由で神々が動くと観念されたときに、依代が生れました。神が動きだした段階で、神の宿りの場所として神社がつくられました。神社は他界から来臨した神の現世における依代でありました。従って神の常住する場所ではなかったのです。祭りのたびに神の迎えられる場所でしたが、やがて、仏が常住する仏教の寺などの影響を受けて、神は神社に常在すると観念されるようになりました。その段階になってお旅所という観念が生れました。

お旅所は神と人が交流するもう一つの祭りの場です。お旅所は、神は神社に常在するという新しい意識と、神は祭りのたびに遠方から訪れるという伝統の意識を調和させるために工夫されました。祭りの最初に、神社から神を神輿でお旅所に移し、そこから神をやはり神輿で神社にお迎えするという段取りをとって通常の祭りはいとなまれます。

このような形がよく分かる祭りは九州高千穂の夜神楽です（図1）。夜を徹して神楽が上演される場所は神楽宿と呼ばれるお旅所です。神がふだん祭られる神社は別に存在し、祭りの最初に、その神社から神輿が仮面と神を載せて神楽宿へ渡ります（図2・図3）。

花街・くるわは神社ではありません。よそにいる神々をお迎えしてもてなすお旅所です。いや、お旅所の本質をそなえたもてなしの場所です。

図1　高千穂夜神楽の本社熊野鳴滝神社での迎神

図２　お旅所（神楽宿）への道行

図３　神楽宿での神楽上演

Ⅲ　日本人の生命更新原理の二型

花街はお旅所という祭りの場です。祭りは、人が神と出逢い新しい生きる力をよみがえらせる場です。生きる力をよみがえらせることを生命更新と呼ぶならば、祭りの目的は生命更新です。そして花街はその生命更新のすべての条件をそなえています。

日本人の生命更新の方法は大きく二つに分類することができます。

1型　幽暗型

縄文型といってもよい。暗い場所にこもって新しく生れ変わることです。大地の豊穣さを女性の胎内にたとえる大地母神の信仰にさかのぼることのできる古い信仰です。この型では神はその場所に常在しています。

現在に保存されている縄文住居、京都大原産小屋《うぶごや》、さらに、茶室のにじり口や京都清水寺の胎内めぐりなどによってその信仰を現在にもみることができます。狭い格子戸から中に導かれる花街の茶屋の建築構造は、この幽暗型文化の系統を継承したものです。

2 型　開放型

弥生型といってもよい。開かれた空間に新しく神をお迎えして生命の更新を果たします。さかのぼれば、弥生時代になって、日本人の信仰に定着したシャーマニズムの憑霊型にゆきつくことができます。

シャーマニズムとは、シャーマンと呼ばれる特殊能力をそなえた男女の人を仲介として神の意思を認知する信仰です。

大きく憑霊型と脱魂型の二種に区分することができます。

憑霊型は神がシャーマンの身体に入りこむタイプであり、日本では下北の恐山のイタコ、沖縄のユタなどがこの種類に属します。対する脱魂型は巫の霊魂が身体から抜け出て神の許へおもむくタイプで、現在の日本では見ることはできません。芸能を生み、日本の祭りの中核を形成したのは憑霊型のシャーマンです。

祭りは、日本人の生命更新原理の二つのタイプを内包している。祭りが成立するためには以下の五つの要素がそろう必要があります。

Ａ　神　　常在型は人が動き、移動型は神が動く。

B　神と逢う場所（広義の依代）　幽暗型と開放型
C　巫覡《ふげき》　初め不在、のち存在
D　祭具・依代
E　祭り人（巫覡以外の関係者）

花街にはこの祭りを構成する要素がすべてそろっています。単純化すると、この五種のうち、「神と逢う場所」が花街。「巫」が舞妓・芸妓・娼妓。「覡」が男性芸能者、幇間《ほうかん》。「依代」が客をもてなすさまざまな仕掛け。「祭り人」が花街の人々と関係者、そして訪れてくる客。ということになります。

さらに花街のもてなしの本質についてみていきます。

Ⅳ　花街と芸

花街には洗練された芸能と芸道が保存されています。幕末の寛政十一年（一七九九）に刊行された京都の観光案内書『都林泉名勝図会』（図4）には京都のお座敷遊びの様子を描いた挿絵が掲載されています。そこには舞妓の舞踊・筝、幇間の芸などの楽しい遊びの実態がうかが

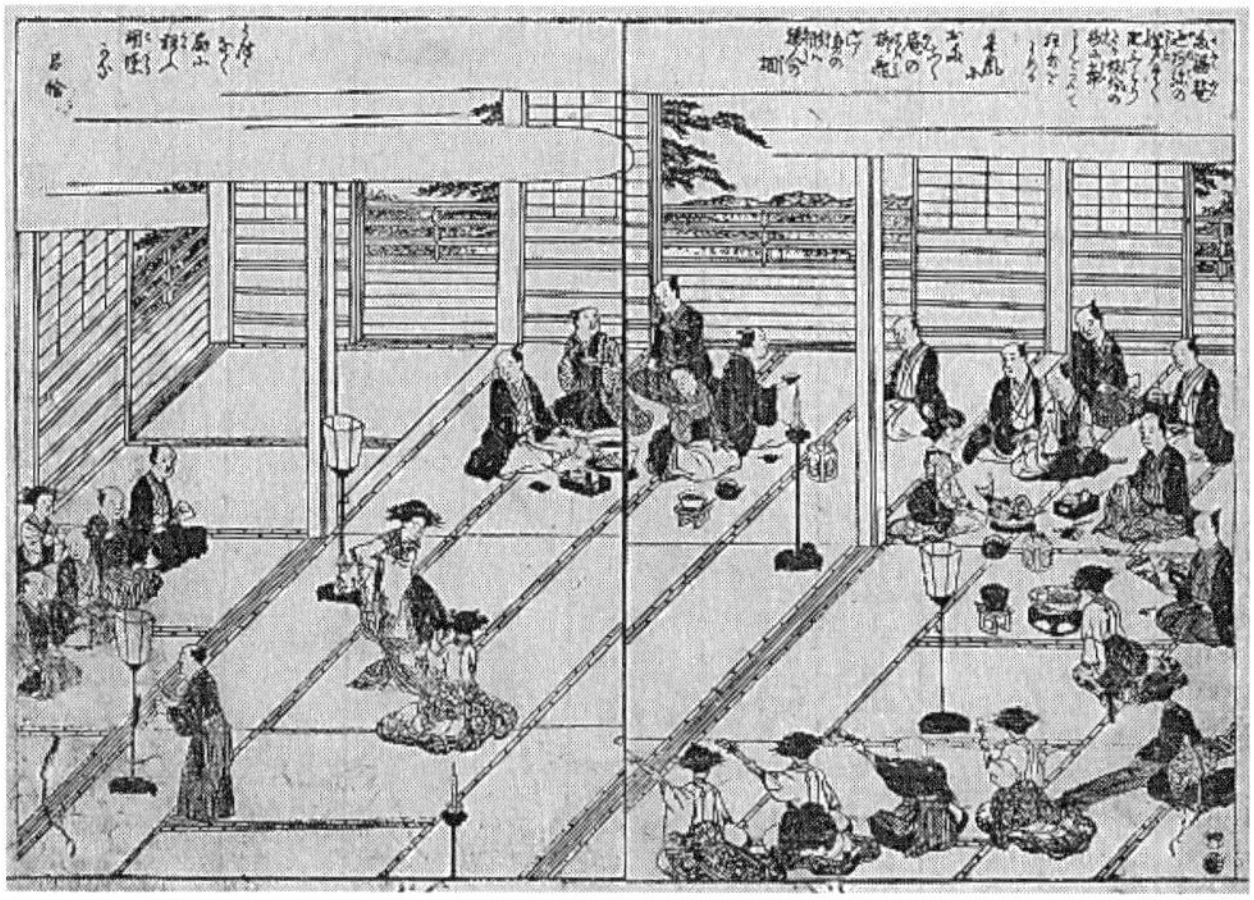

図４　『都林泉名勝図会』 寛政11（1799）

図５　揚屋遊び　井原西鶴『好色盛衰記』 貞享5（1688）

われます。

また、尾張商人菱屋平七が享和二年（一八〇二）に刊行した九州旅行の記録『筑紫紀行』は京都の花街遊びの貴重な記録です。

眺めのよい広大な座敷では、客の前に酒や料理が並べられ、十三、四歳から十八、九歳までの芸妓や舞妓が舞を披露し、仲居が三味線と唄でこれを盛りあげ、客もまた唄っている。おもしろいのは、中庭で客が女性と追いかけっこをしていることです。

この二つの書から、花街には多様な芸が演じられていたことがうかがわれます。舞、踊り、唄、三味線、箏、幇間芸などに始まって、酒、料理、煙草、花、灯りまで、じつにさまざまなもてなしの芸が総動員されています（図5）。

この芸は芸能と芸道に分けて考えることができます。

前述の芸のなかで、舞、踊り、唄、幇間芸などは芸能にふくめて考えることができ、三味線、箏、酒、料理、煙草、花、明かりなどは広義の芸道にふくめることができます。

芸能と芸道はどのような関係にあるのか。しばしば重なって用いられることもあるこの二つのことばについて、まだ厳密な定義はありません。

たとえば『日本国語大辞典』「芸能」の項目をみると、「①学問、芸術、技能など、貴族やりっぱな人物が身につけていなければならない各種の才芸、技芸。②学問、芸術、技能などについてのすぐれた能力。③生け花、茶の湯、歌舞音曲などの芸事。遊芸。」と説明がある。「芸道」の項目をみると、「芸能の道。技芸の道。」とある。その「道」の意味を私たちは知りたいのです。

日本の芸能という語は中国から継承しています。しかし、芸道は日本で中世に誕生した和製漢語で、中国では現代まで用例がありません。芸能は、大江匡房《まさふさ》の談話を集めた『江談抄』に「吉備大臣入唐、道ヲ習イ、諸道芸能ニ博達シテ聡慧《さとき》キナリ。」とあり、芸道は世阿弥の『花鏡』に「一切芸道に、習々覚して、さて行道あるべし。」などが早い例です。

芸能は祭りにおける巫覡の身体所作から生まれました。前章にあげた祭りを成立させるための五つの要素のなかの「C　巫覡」が芸能の母胎になったのです。それに対して、芸道は祭りの五つの要素のなかの「D　祭具・依代」が変化しました。

「II　花街はお旅所」で説明したように、動かない神が動く時代がきたときにその動く神を迎える座または目標としての依代が誕生しました。

〈依代は神の変化または神の憑く所〉と定義できます。大きく、自然物と人工物に二分できます。

自然物

樹木　岩石　山　水　音響　人間（ヨリマシ・ヒトツモノ・巫女・童）動物　神籬《ひもろぎ》　他

人工物

御幣　旗　幟　柱　杖　剣　鑓　天道花　ウレツキ塔婆　オハケ　山車　山鉾　鏡　神像　人形　神社　色彩　化粧　仮面　音楽　食物　他

神は、動かない自然物をあがめる自然神から、人間の祈願に応じて動きまわる人格神に変わりました。その段階で降臨する場所となる依代が誕生しました。依代は、山、海、樹木などの自然物から御幣、幟、祭壇などの人工物へと変化しました。人の技として発達した依代から芸道は誕生しました。

神を迎える巫覡の身体所作が長い時間をかけて、芸能、芸能から芸術へと変化したように、人工物の依代も長い時間をかけて、神仏を祀る技、技から芸道、芸道から芸術へと変化しました。このような捉え方で、はじめて、伝統文化の根幹をなす芸能と芸道の二大分野が祭りから誕生したことの統一的把握が可能になり、芸道の本質も理解できます。

「道」ということばを理想的境地の意味で使用する用法は中国の老子・荘子の哲学に始まり、老荘思想の受容とともに日本人にも浸透しました。「道は道を生じ、一は二を生じ、二は三を生じ、三は万物を生ずる」などの記述が老子の『道徳経』に出てきます。さらに、『荘子』の「養生主篇」に次の話が出てきます。

> 包丁という料理の名人がいた。主君の文恵君がその技量を賞賛すると、包丁は「臣の好むところは道なり、技よりは進めり」と答えた。包丁《ほうちょう》という語の起源になった話である。技術を超えた道こそが自分の求めるものだという答えであった。

この道は、老荘哲学でいう、あらゆる存在の根底の混沌であり、名状しがたいもの、森羅万象がそこから生じる、宗教でいう神の如き存在をさしています。

「道は技術を超える」という思想は、中世以降の日本に影響を与え、歌道、弓道、剣道、棋道、茶道など、本来ならば「技」や「術」を追求すべき芸が一様に道を称するようになりました。さらに、これに音楽、文芸、工芸、絵画、建築、料理などを加えて、広義の芸道と呼ぶならば、共通する本質は《瞬間的に消滅する身体的所作ではなく、なんらかの道具を使用し、その結果がのちに残るもの》ということです。芸道は道具と技を極めて神仏と一体化する方法となったのです。

花街が日本文化史上に持つ意義は、日本文化一般では、時間の経過で分化・分散し、時には風化してしまった芸能と芸道の全体像を、発生時のままの原型として、洗練を加えて純粋に保存していることである。花街には日本伝統文化の本質が凝縮して存在します。

V　花街の舞妓・芸妓

花街の主役ともいうべき舞妓と芸妓も、祭りで神と人を媒介する巫女から誕生しました。「Ⅲ　日本人の生命更新原理の二型」であげた祭りの構成要件の「C　巫覡」です。

現在、日本本土の神社祭祀で神職の役割は男性が独占しています。各地の民間の祭りでは、いまだに女性の関与をタブーとしてきびしく禁じているところも多い。しかし、他方で、沖縄の祭りのほとんどは女性の神女《ノロ》主宰で、男性は補助者の地位にとどまっています。この違いはなぜ生じたのか。

このような現象について、これまでの学説は、本来、祭りは女性が主宰するものでありましたが、男性中心社会が到来し、しかも仏教や儒教の女性蔑視思想の影響のもとに、男性が祭祀権を女性からうばって独占するようになったと説明しています。そうした説明法の成立に、祭祀における女性差別を赤不浄＝血の穢れとして説明した柳田民俗学の学説も大きな役割をはたしてきました。

　女性の穢れを考えるうえで参考になるのが伊勢の斎宮です。古代から中世にかけて、伊勢神宮に未婚の内親王または女王が斎王《いつきのひめみこ》（斎宮《いつきのみや》ともいう）として派遣され奉仕しました（図6・図7）。天皇の即位直後に斎王がえらばれ、一代に一人が伊勢で神につかえるというこの制度のはじまりは、天武天皇の代の大伯皇女《おおくのひめみこ》であり、後醍醐天皇の祥子内親王を最後に廃絶しました。

　斎宮は決定後の一年間は宮城内の初斎院で、ついで宮城外の野宮で、さらに一年間の潔斎の生活をおくります。そののち大勢の官人にまもられ、盛大な行列をくんで伊勢にむかう。これを斎王群行といいました。それ以降は多気《たき》の斎宮で精進潔斎の生活をつづけました。

　しかし、斎宮の実際の神事関与は、神宮のもっとも大切な祭りで三節祭と呼ばれる、六月・十二月の月次祭《つきなみさい》と九月の神嘗祭に神宮に参入して玉ぐしをささげるだけで、それ以外のときは、斎宮でこもりきりの生活をおくっていました。その間、実際に日常的な神事をにない、また三節祭でも重要な奉仕を行なっていたのは、物忌《ものいみ》と呼ばれた数人の童女（一部は童男）とその補

図６　伊勢神宮倭舞（巫女舞）

図７　福島磐梯神社神子舞

佐役の物忌父を中心とした男女専従神職者たちでした（義江明子『日本古代の祭祀と女性』吉川弘文館、一九九六年）。

重大な疑問は、九世紀半ば以降、女性の血の穢れがことさらに忌まれた時代に、なぜ日本の神社の総元締めともいうべき伊勢の斎宮（そして賀茂の斎院も）で成人女性が重大な祭祀に関与しつづけたのか。

日本の祭りにおける専従神職者の男女性差を決定してきた基本原理は、次の三つでした。

A　経済原理（生業）

B　神懸りの能力

C　仏教・儒教

生活物資生産形式または経済原理の相違によって、祭祀の形態が決定されるという法則は、日本にかぎらずほとんど汎地球規模で普遍的にみとめられる現象です。日本でも次のような例をあげることができます。

狩猟型　　　東北マタギの熊祭りなど
採集・雑穀型　沖縄八重山諸島のプールなど
稲作型　　　大阪住吉神社の御田植祭など
漁労型　　　沖縄本島国頭のウンジャミなど
混合型　　　長崎県長崎市の長崎クンチなど

熊祭りはアイヌのイヨマンテがよく知られていますが、アイヌは男性中心の狩猟経済だけではなく、女性も重要な役割をはたす採集経済の段階もかねているので、イヨマンテには女性も参加しています。むしろ、東北にいまものこるマタギの人たちが山中で獲物をあがめて執行する熊祭りが、純粋に男性だけの祭りとしての性格をたもっています。これは経済原理が男性中心の狩猟段階にとどまっているために祭りも男性中心になっている例です。

沖縄の各種の祭り、たとえば典型的には、久高島《くだかじま》のイザイホーなどに男性が関与できないのは、女性の神懸りの能力を前面におしだした祭りだからです。総じて、女性が祭りに専従者として参加することができたのは、その神懸りの特性によることが多かったとみられますが、各地のお田植祭りなどで女性の参加する例は、その特性に加えて、経済段階における役割分担によるものといえます。

本土の各種の祭りから女性が排除されたのは、通説のように、仏教や儒教の差別観念の影響とみることができます。仏教では女性をすくわれない不浄な存在としました。たとえば、『法華経』では女性は五障のある存在であり、そのままでは成仏できず、いったん男性に変じて比丘《びく》として修行してはじめて成仏できると説いています。また仏教がきびしくまもるべき五戒の最初にかかげられる殺生戒は動物の血をながすことを禁じました。したがって、日本における血穢《けつえ》の観念を育成した原動力は奈良・平安仏教であり、日本の仏教が、女性も成仏できるとする女人往生を教理でみとめるようになったのは、鎌倉仏教の浄土宗、浄土真宗、日蓮宗まで待たなければなりませんでした。他方、儒教では『礼記』『儀礼』などに三従の女性差別思想を説いています。

婦人は人に従う者なり。幼くしては父兄に従い、嫁しては夫に従い、夫死すれば子に従う。

（『礼記』・郊特牲）

この儒教思想が、佛教の差別観とかさなって、女性蔑視の思想を助長しました。

沖縄や、日本の神道祭祀の総元締め伊勢神宮や賀茂神社で、のちのちまで女性が祭りで重要な役割をはたしつづけることができたのは、女性も生活物資生産に参加して役割を分担した経済原理と神と交流する神がかりの能力によって、女性が祭祀の主宰者となった古代の遺制をそのままにたもちつづけたからです。その際、沖縄は本土をはなれた地理的文化的環境によって、そして伊勢の斎宮や賀茂の斎院は、まさに王権の力によって仏教の影響を排除することができたからです。

このようにみてくると、生命の更新を重要な目的とする京都の花街で、舞妓や芸妓が中心の役割を担いつづけている理由も、日本の祭りの根源にさかのぼるものであったことが明らかになります。

Ⅵ　花街の舞踊

現在、京都の五花街で演じられる舞踊はすべて「をどり」と称して、その指導者も、踊りの系統に属する流派が多いようです。

都をどり　　祇園甲部　井上流

京をどり　宮川町　若柳流
北野をどり　上七軒　花柳流
鴨川をどり　先斗町　尾上流
祇園をどり　祇園東　藤間流

能舞の系統をうけつぎ、京舞とも呼ばれる井上流の指導をうける「都をどり」をのぞくと、全体は踊りの要素がつよいようです。しかし、現実に、踊り手は、舞妓と呼ばれ、お座敷などで演じられる舞踊は、舞いの要素がつよく見られます。花街の舞妓や芸技のもてなしの芸である舞踊について検討し、この面からも花街の本質にせまることにします。

現在は一般に普及している舞踊ということばは江戸時代にはありません。明治になって、ダンスということばの翻訳語としてつくりだされました。

明治十一年（一八七九）の十月から翌年の四月にかけて刊行され、当時としては画期的なベストセラーとなった政治小説『花柳春話』（ロード・リットン作、織田純一郎訳）にあらわれた例が舞踊ということばの初出でした。さらに、このことばを術語として定着させるうえで、大きな役割を果たした人物が坪内逍遥でした。

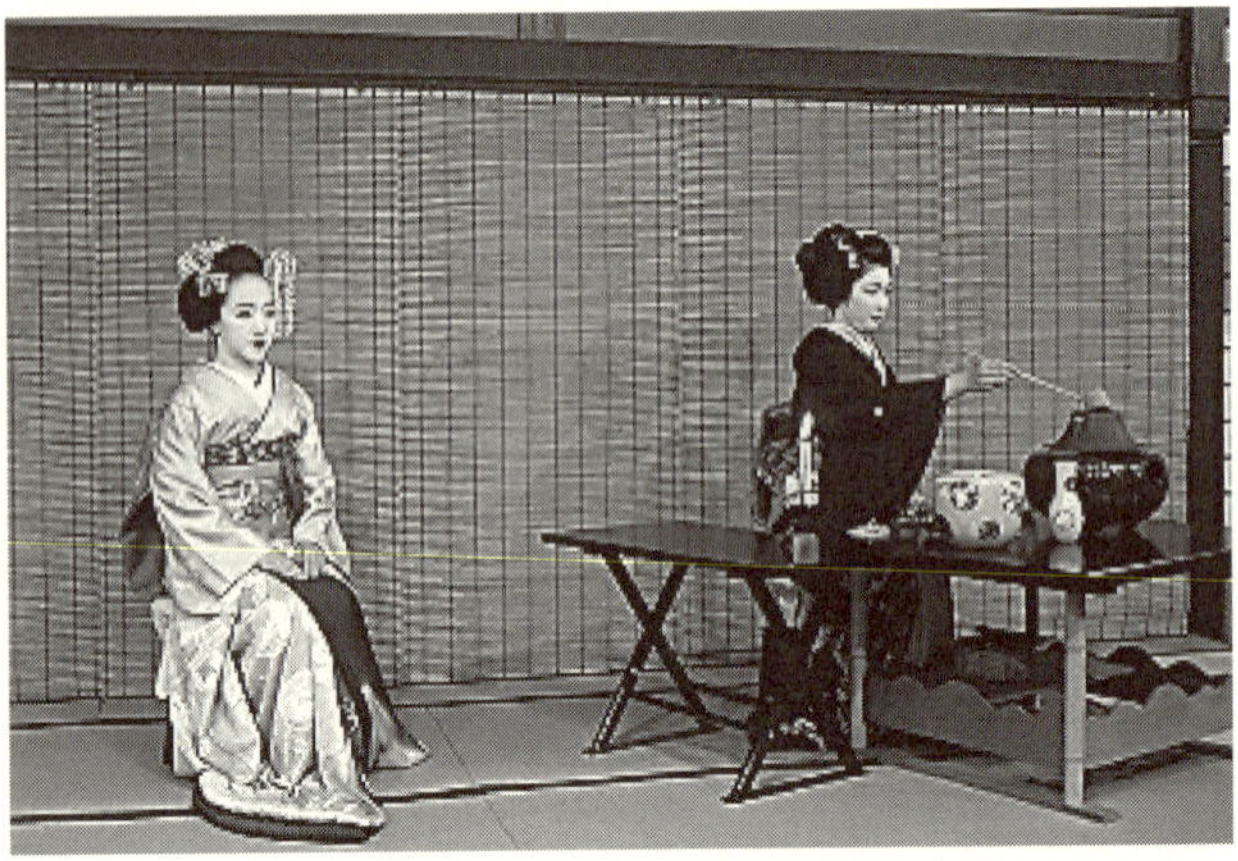

図８　「都をどり」茶立て

図９　「鴨川をどり」（原形は巫女舞）

坪内逍遥は明治三十七年（一九〇四）に演劇の理論書『新楽劇論』を発表しました。この書物のなかで、逍遥は舞踊を、それまでの舞いや踊りに代えて使用しただけではなく、その内容を舞い、踊り、振りという三つの要素に分けて分析し、のちの舞踊論の発展の基礎をつくりました。

舞いは中世以前に、踊りは近世以降に脚光を浴びました。

舞いの用例は、「人長舞」、「久米舞」、「五節舞」、「国栖舞」、「隼人舞」、「幸若舞」、「曲舞」など、中世以前、しかも若干の例外を含みながらも京阪つまり上方に集中しています。

これに対し、踊りは、「念仏踊り」、「風流踊り」、「念仏踊り」、「鹿島踊り」、「伊勢踊り」、「盆踊り」など、近世以降に、これも例外を含みながらも、江戸と地方に多くの用例をみることができます。花街の舞踊が多く「をどり」と呼ばれているのはこの事実と関係がある。花街の形成は近世だからです（図８・図９）。

舞いと踊りにはどのような違いがあるのでしょうか。

舞いは、古代から中世にかけて成立しました。中国最古の辞書『説文解字』には「舞」を「楽也」と説明しています。正調の音楽に合わせて身体を動かすことが舞いでした。「まわる」が舞いの語源であり、旋回運動を中心に、滑るように足を使い、角《すみ》をとる舞踊でした。意識的に制御され、しかも、音楽を伴う所作でした。貴族的で静的な身体の動きが、舞いでした。踊りは近世にさかんになりました。前述の『説文解字』には「跳也」と解説しています。跳躍運動であり、両足を大地（舞台）から離し、熱狂的、動的、庶民的な身体所作で、江戸や地方を中心にひろがりました。

舞いも踊りもともにシャーマニズムの憑依型（ポゼッション型）に由来します。

憑依型は、

神迎え

神降臨（神人交流）

神送り

の三部構成をとるのが通常です。神迎えは五方の神々への祈りから始まり、その所作は、角をとる、旋回などの動きを示し、正調な音楽に乗る、制御された動作をする、静的である、などの特色を持ちます。しかし、いったん神が降臨するとシャーマンの動きは、動的、熱狂的、跳躍、乱調などに変わる。神迎えが舞いを生み、神降臨が踊りにつながりました。

日本の舞踊史が大きく舞いから踊りに推移したのは、古代に大陸から伝来した舞楽と、中世に流行した踊り念仏の影響がつよかったといえます。それと合せて大地に対する信仰を持ちつづけ、大地から離れることをきらった日本人の特性も働いていました。

近世に形成された花街の舞踊が「踊り」と称しながら、事実は「舞い」を大切に保存していたのも、日本人のこの舞踊史の大勢を反映していました。

Ⅶ　花街の男性芸能者

花街には幇間《ほうかん》とか太鼓持ちなどとも呼ばれることのある男性の芸能者が活躍していた。していたというのは次第にその姿を消しつつあるからです。

祭りを構成する五つの要件のなかの三番目に「C　巫覡」をあげました。巫覡という熟語であらわすとき、巫《ふ》は女性シャーマン、覡《げき》は男性シャーマンを意味します。

人類史の大勢として、シャーマンの歴史は、神がかりの能力のつよい女性から、神がかりの能力は低いが、社会内部の権力機構や生業と結びついた男性へと推移していきました（図10・図11）。その歴史は、ことに日本では顕著に見られ、古代で隆盛であった女性シャーマンは、しだいに民間の占い巫女となるか、神道祭祀で神主の支配をうける神社巫女になっていきました。

神と人を媒介する覡（男性巫）

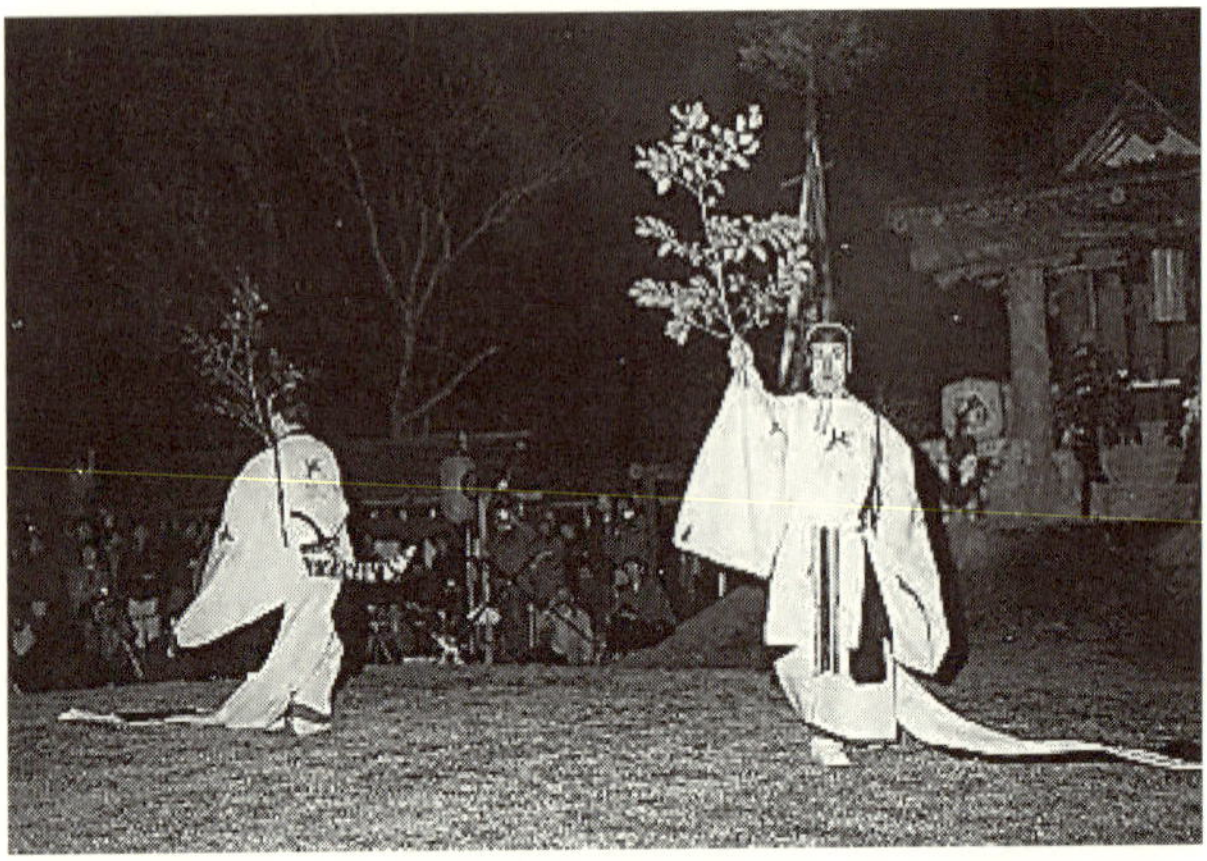

図10　春日若宮おん祭

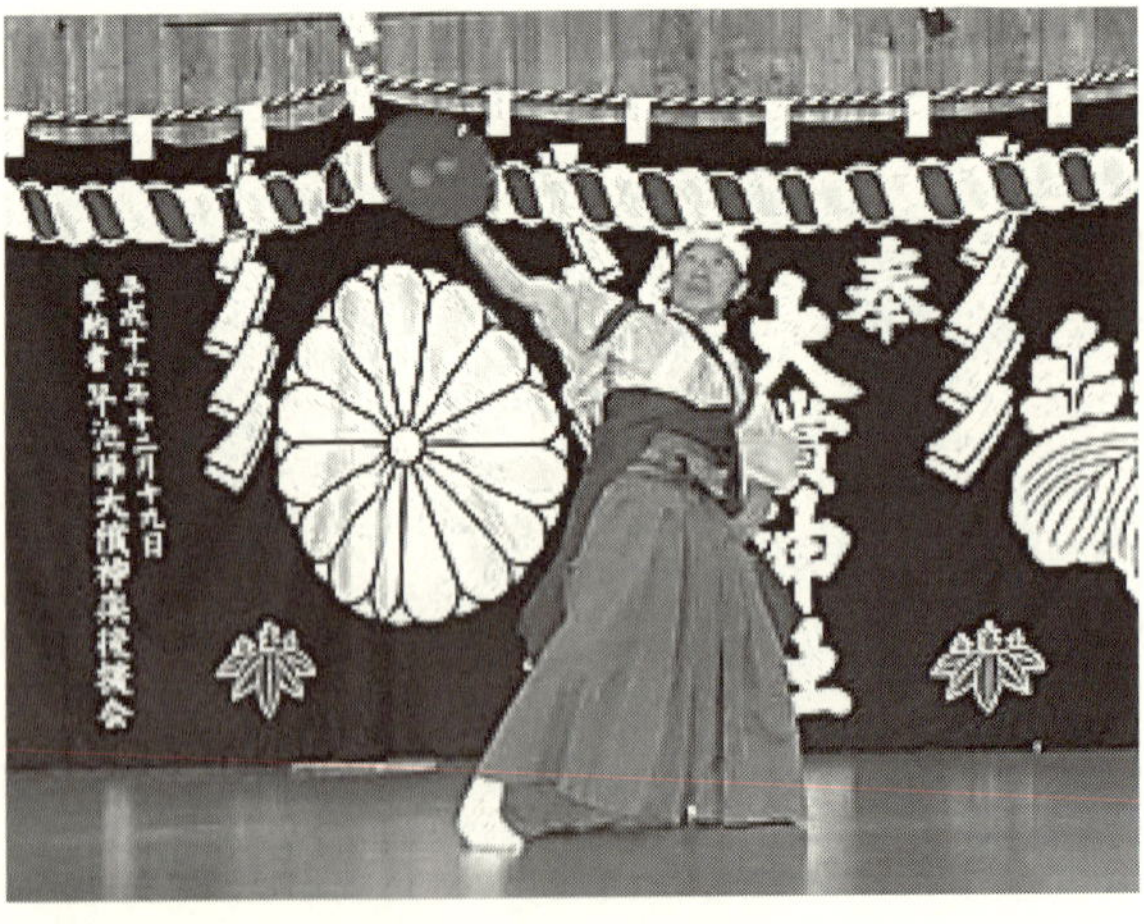

図11　岩手早池峰神楽

この女性シャーマンは、遊女へ転身していく場合も多かった。日本古代の遊女の前身は、女性シャーマンと渡来人に大きく二分されます。

男性シャーマンもまた複雑に分化していきました。社会的に上昇していったグループは神道祭祀の神主となるが、神道祭祀にとどまることができず、修験道、仏教などの他宗教に転じる者、民間祈禱師や陰陽師になる者も多かった。

花街における男性芸能者も系譜としては男性シャーマンの末流です。この人たちの本質は、「道化《どうけ》」という概念でとらえたほうが分かりやすい。

祭りにおいて男性シャーマンは、俗から神聖、神聖から俗へという二段階の変化をします。ふだんは俗人として生活していても、祭りの期間は、神聖な領域に入りこんで過ごし、祭りが終われば、ふたたび俗にもどる。この変化はきびしく維持され、祭りの期間に自由に、俗の領域と神聖の領域を往来することは許されない。

しかし、男性シャーマンのなかで、祭りの期間でも俗と神聖を自由に往来することのできるグループがいます。この人たちが道化です。

道化は、祭りを主宰する神主にはならなかった人たちです。しかし、神主になりたくてなれなかった脱落者ではなく、役割分担者と考えなければなりません。

祭りは、すでにのべたように、個人と集団の生命更新をねらいとします。その更新は、神との交流、つまり神聖な時間と空間をつくりだすことによって実現する。その生命更新、秩序の転換をよりスムーズに、円滑に行なう役割を担うのが道化です。

道化の武器は笑いである。笑いを武器に既成の秩序を破壊し、新しい秩序への転換を果たす人が道化です。

祭りの目的の重要なものは、集団の秩序の更新です。古くなった秩序を新しい秩序に改めるが、そのとき、回復される秩序は、これまでの旧秩序です。個人の身体にたとえれば、病気を回復させる医療行為です。病んだ秩序を健康な秩序にもどすくりかえしが祭りです。そのくりかえしのリズムをこわし、まったく新しい秩序にきりかえてしまう役割を果たすのが道化です。

日本の祭りには道化の活躍する例が多い。

滋賀県湖東町の押立神社で六十年ごとに行われるドケ祭りの主役はドケと呼ばれる道化です。ドケは鬼面をかぶり、長じゅばんと陣羽織という奇妙な服装で鞨鼓《かっこ》を持ち、「ドッケノ、ドッケノ」という掛声に合わせてドケ踊りを踊ります。

また、奈良県山辺郡山添村の神波多神社の天王祭には、鼻高面をかぶりスリザサラを持った道化をはじめとする道化衆が異様な服装で登場し、渡御の行列を先導し、道化狂言を演じます。

　このような道化という名の役柄が登場する祭りはもちろんですが、祭りにおける道化の本質をよりよく示しているのは、おかめ・ひょっとこです。田楽・神楽などの民俗系のさまざまな祭りに、なじみの仮面で登場する男女ペアの二人組は、性行為をともなった卑猥な所作で爆笑を誘い、神前、見物席など、自在に祭りの空間に出入りして、神聖な祭祀の進行をかきまわしてしまう。

　花街の幇間は、師について修行し、芸名をもらって、芸者置屋に所属したという。正式な師につかず、自前で商売を行っていた者は野だいこと呼ばれたといいます。

Ⅷ　花街と料理

　人によるもてなしとともに重要な役割を花街ではたしている酒肴もまた祭りの五要因の一つ「D　祭具・依代」に由来します。しかし、食物は、じつは神を迎える祭具・依代の位置にとどまらず、祭りの主役である神そのものでもあります。

　祭りは、神を迎えて交流し、神の力を借りて、秩序と生命の更新を果たすことを目的とします。これまでたびたび述べてきたことです。その神人の交流に二つの方法があります。一つは、直接、またはシャーマンの力を借りて、神と交流する方法です。これと並ぶもう一つの方法が、供犠《くぎ》です。この方法は、神の子である眷属神または神そのものである食物を犠牲にして、殺害または煮炊きし、神と共に食べることによって、神と交流するやり方です。この食物を神とともに食べることを神人共食といいます。整理して示せば次のようになります。

神人交流の二つの方法

a　供犠＝神の子（食料・眷属神など）を親神に供え煮炊きまたは殺害して共食する。

b　直接の合一または仲介＝シャーマンを立てる。

食物は、地球上のいずれの地方、民族においても、神と観念されていました。食料をどのように

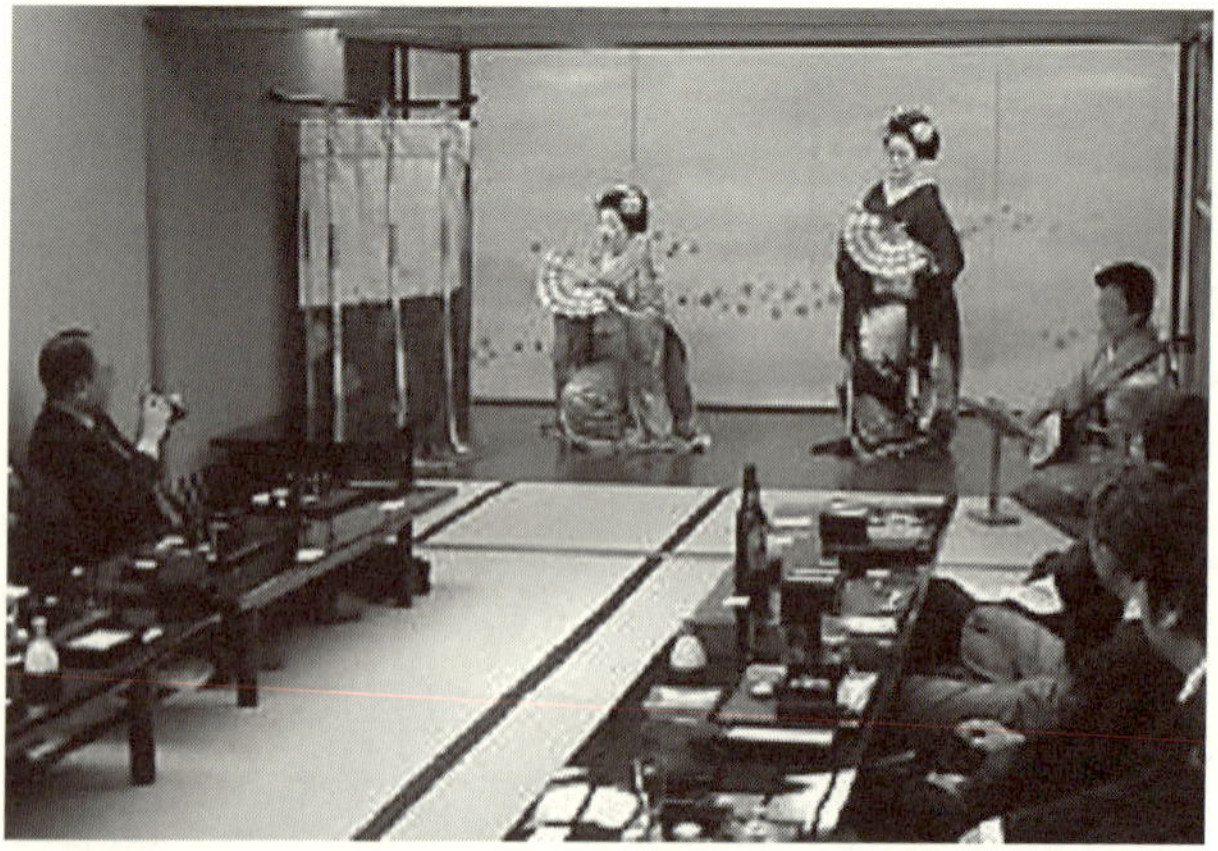

図12　原形は神人共食

獲得するか、その獲得の仕方を生業と呼ぶならば、祭りの形態を決定する最大の要因は生業でした。本稿「V　花街の舞妓・芸妓」で述べたとおりです。そのために、神である食物を犠牲にして、神と人が食べる神人共食が祭りの中核に位置することになります（図12）。具体例で説明します。

動物を主要な食料とした採集狩猟民では動物供犠が祭りの中心となっています。アイヌ民族のイヨマンテ（神送りの意味）では、熊の子が殺害され、料理される。熊は山の神の子であり、アイヌ人にとっては神そのものでもあった。熊は、肉や毛皮を土産に、神の国からアイヌ人のもとへ訪れる。アイヌ人はその土産を受け取り、頭蓋骨に宿った霊魂を山の神のもとへ送りかえす。イヨマンテはその全過程を祭りとして演じます。

まったく同じ精神を九州宮崎県西都市の十二月の銀鏡《しろみ》神社の神楽にもみることができます。この地方の人たちは、現在では農業に転身した人が多いが、長く狩猟を生業としてきました。その伝統が祭りに生きていて、祭りが近づくと、関係者は山に入って猪をとってきて、祭りの期間に、その肉を粥に入れて食べる。他方で猪の首は祭壇に飾られ、神楽と並んで狩猟祭祀も上演されます。

諏訪大社上社の豊穣祈願の御頭祭でも祭壇に鹿の首が並べられ、古い伝統を示していますが、生業が変化してしまった現在では、作り物の鹿頭を使用しています。

日本人の生業の中心は縄文時代末のころから農耕に変わりました。そのために、本土の多くの祭りでは、植物が犠牲にささげられます。その精神は動物供犠とまったく共通します。

鳥取県会見町の正月行事の年神迎えでは、稲が先祖の神と同一と考えられ、祭りの主役となります。稲が神とみなされ祭りの主神となる地域は広範囲にひろがっています。

十二月に行なわれる奥能登のあえのことでは、田の神つまり稲の神を家に招いて、風呂に入れ、そのあと家族とともに食事をとる（図13）。終始、家の主人は、眼に見えない神をあたかもそこにいるかのように話しかけ、丁重にもてなします。

図13　石川県　奥能登あえのこと

祭りの途中に関係者がともに食事をとる例は一般的です。そこには神人共食の精神が生きています。

九州高千穂夜神楽では、夜中に食事が用意され、参加者は別室に入って食事をする。食物は神です。その食物を料理して食べるということは、広義の神殺しです。人を犠牲にする人身供犠にも、根底には、この神殺し、神人共食の信仰が存在します。

日本にも、古代、人身供犠が存在した。中国の歴史書『三国志』の「魏志倭人伝」に、「卑彌呼以死大作冢徑百餘歩徇葬者奴婢百餘人」つまり邪馬台国の女王卑弥呼が死去し径百余歩の大きな塚を築いた際に百余人の奴婢が殉葬された、とあります。

日本古代にも人身供犠は確実に存在しましたが、しだいに歴史の背景に沈んでいきました。人を犠牲にし、人肉を食べるという習俗は日本人になじまなかったのです。

料理をつくることがもてなしになるという観念の根底には、神である食物を人が神とともに食べて、新しい生命をよみがえらせる、という祭りの信仰が働いているのです。

まとめ　花街と日本文化

近世以前の日本は東アジア社会の一員としてインド・中国・朝鮮などの文化を受け容れてき

ました。明治以降は脱亜入欧の掛声のもとに西欧を受け入れ、二十世紀になってグローバリズムの波にさらされてきました。日本文化一般は変化しつづけ、その全容と本質の把握は困難をきわめる状況になってしまった。

京都の花街は、近世に洗練の度を加えた日本の伝統文化の精粋をほぼそのままの形で、しかも衣食住と精神文化の綜合体として保存している稀有の存在です。

花街は、金銭で快楽を売買する場所ではない。祭りのお旅所として、そこに入った人＝客が、衰えた生命力を回復してよみがえる場所です。

本稿では、祭りの構造と比較しながら、花街の本質を解明しました。

シンポジウム　1

京都の花街と芸能
—— もうひとつの日本芸能史 ——

日本人が神々と接触する場所——それが神社であり河原でした。

花街は、神社の門前、河原で発生し、発達しました。

そこでは歌舞伎や文楽、能、狂言も発生・発達しました。

近世初頭、花街は女性中心の芸能、歌舞伎などは男性中心の芸能へと分化しましたが、神々との交流の場から生まれたという本質はひとつであり、両者は多くの共通点を持ちます。

今回は、花街の芸能が歌舞伎などと同じ母から生まれた血の通った姉弟であることを確認し、実は花街史と日本芸能史が切り離せない関係にあることを明らかにします。

近世以降、花街は上方歌舞伎などとともに京文化を支えてきました。京文化は日本伝統文化の神髄であり、上方歌舞伎がほとんど姿を消してしまった現在、花街文化の灯を消してはなりません。

シンポジウムでは、もうひとつの日本芸能史を探るとともに、京文化と日本文化、さらには《日本文化の母》の本質にまで迫る大きなテーマが展開されるでしょう。

【パネリスト】

諏訪春雄（学習院大学名誉教授）
「もてなしの本質―京都花街の発生と役割」

井上八千代（井上流家元・京都造形芸術大学教授）
「花街と舞」

清水久子（祇園お茶屋「廣島家」女将）
「しつけともてなし」

波木井正夫（「祇園　波木井」主人）
「花街と芸」

【司会進行】

田口章子（京都造形芸術大学教授）

田口　シンポジウムをはじめます。パネリストの皆さまをご紹介いたします。私のお隣から、学習院大学名誉教授の諏訪春雄先生。京舞井上流五世家元。そして本学の教授であります井上八千代さん。「祇園　波木井」のご主人、遊芸の伝承者波木井正夫さん。お茶屋「廣島家」十代女将清水久子さん。よろしくお願いいたします。

本日シンポジウム最強のメンバー。京都でなくては叶わないお顔ぶれでスタートしたいと思います。

本日は大きなテーマをもうけています。花街《かがい》と芸能へ注目することで、日本文化の本質が見えてくる。そして、花街がそういう意味で私たちに色々な事を教えてくれるという、新しい視点で花街を捉える花街論です。手あかのついてない花街論。新しい見方を提出したいと思います。各パネリストの皆さまには「もてなしの本質―京都花街の発生と役割」、「花街と舞」、「しつけともてなし」、「花街と芸」というテーマを中心にお話を伺っていきます。

会場の皆さまには、本日のキーワードとして、「生命更新」ということを頭に入れておいていただきたいと思います。この「生命更新」といいますのは、簡単にいいますと、感動、あるいは自分の中の何かが変わる、そういうような意味合いで使っております。本日お越し頂きましたパネリストの皆さまのご発言により、研究成果を検証しながら、会場の皆さまと共有したい

田口章子（京都造形芸術大学教授）

と思います。

それでは早速、諏訪先生よろしくお願いいたします。

京都の花街は神社周辺か河原で発生した

諏訪　それでは私どもが、一年半、だいたい二年近く研究してきました、テーマに基づいて、最初に私がパワーポイントを使って報告させて頂きます。

「京都の花街」ということで、私たちは研究テーマを設定してまいりました。実はやってみると京都の花街、或いは廓という言葉も使われるようですけれども、それが一体どこを指して、どういう歴史を持っているのかという、そもそも範囲を決めるということが決して簡単ではないのです。今も楽屋で各講師の方々のお話を伺っておりますと、随分歴史によって変化してきているということが分かります。

諏訪春雄（学習院大学名誉教授）

それで、一応ここでは文献によっております。ここで言う文献がどういうものかと申しますと、昭和二十年代、つまり、三十年のはじめ頃に、いわゆる禁止法というのが出るわけなのですけれども、それが出る前の京都の代表的な花街を示した記録のことですが、例えばどういうものがあったのか。これは加藤政洋さんという方が、角川選書『京の花街ものがたり』という本をお出しになっています。その中に引用されている、松川二郎という方の、『全国花街めぐり』という本があるのです。この松川さんという方は非常に変わった方でして、ご自分で歩いて、日本全国の代表的花街を探索したのです。その結果を全国花街巡りという形でまとめたのです。これでみますと、花街《かがい》というのはどんどん変わっています。今無くなっているのもあるのです。そういう意味では非常に貴重な資料です。何と言ってもすごいことはご自分で歩いていらっしゃることです。また、もっとさかのぼると、江戸時代の元禄という時代のちょっと前には、藤本箕山《きざん》という人物がいました。この人物、畠山箕山ともいうのですが、自分で日本全国の廓を回り『色道大鏡《しきどうおおかがみ》』という報告書を出している。これはもう、大変な労作で、私どもが例えば西鶴の作品の中に、色々な廓が出てきたときに、実際にそれがどういう所であったのかを知るための最高の史料なのです。そこでどういう風な仕来りがあったのかがわかるのですが、なんと値段まででてくるのですよ。そしてどういう風な女性達がそこで生活していたか。松川二郎の『全国花街めぐり』はそれに匹敵するような昭和の労作。

この松川さんの本によりますと、京都に八つ代表的な花街があったというのです。もちろんこれ以外にも沢山あったと思うのですけれども、代表的なものとして、祇園甲部、それから祇園東、そして今の島原ですね。この島原は場所が変わっていました。はじめに京の六条の三筋町、その前はですね、これは重要なことですが、堀川の傍にあったのです。堀川は今小さな川になってしまいましたが、江戸時代のはじめは暴れ川で河原が広がっていたのです。それから先斗町《ぽんとちょう》、宮川町、七条新地、上七軒、五番町。この八つを京都の代表的な花街として挙げています。

ここで私が注目したいのは、この代表的な花街がどういう場所に発生したのかという問題です。これはお分かりだと思いますけれども、八坂神社の社前、それから島原は今、町中に移っていますけれども、元は堀川の河原にあった。先斗町は賀茂川の河原。宮川町も賀茂川の河原。そして七条新地は賀茂川・高瀬川の河原。それから上七軒は北野天満宮界隈、それから五番町は北野天満宮社前。私が申し上げたい事は、いわゆる廓とか花街というものは、神社の側か、あるいは河原で発生したということなのです。

これは実は、日本のおもな花街を調べてみても、共通にそういう性格を持っているのです。神社の境内かあるいは側か、河原なのです。発生の場所は。これをどう解釈するのか。普通には、河原とか神社の側というのは、税金がかからない場所。無税地。だから、そういう場所を選んだのだと。それからもうひとつ大事な事は廓、花街、芝居小屋、こういう所は、町奉行所の管轄なのです。

ところがこの代表的な花街が発生した場所は、町奉行所の管轄外なのです。つまり河原は町奉行所の管轄の外か、税金のかからない所になります。事実その通りなのです。ただ、私は河原とかあるいは神社の側で発生したということは、深層に、神様と交流する場所であったと言いたいのです。そういう視点で見ていくと、花街が持っている非常に大事な本質が見えてきます。今日は、私はそういう話を致します。

芝居地と花街の関係

これは祇園前茶屋と四条川原芝居の風景ですね。古い時代に、祇園がどういう所にあったのかを示す「洛中洛外図屛風」です（図1）。ここが祇園社、賀茂川、真ん中に小さな板の橋が架かっています。四条の橋、そして右側の端にある大きな立派な橋が五条の橋なのです。五条の橋というのは、中世からこんな立派な橋だったのです。そこで、牛若と弁慶が出会ったりしているわけです。ところが、四条の橋というのは、仮の橋なのです。今は立派ですけれどね。皆さんに見ておいて頂きたいのは、これが祇園社ですね。そして、これが祇園の正式なのですけれど、その脇の所に、小さな茶屋があるでしょう。これが後に「祇園」という、大きなお茶屋さんに発展していく原型なのです。こんな開かれた場所です。そしてここにお客さんがいて、接待する女の子たちがいますね。つまり、こういうものが、祇園の茶屋の前身であったということなんですね。そこで開放的にお客さんをお迎えして、お茶を接待していた。この後ろの方からこちらの方（右後方）にかけて大きな祇園の茶屋が広がっていくのでしょう。つまり、この辺が花街なのです。申し上げるまでもなく、皆さん良くご存じだと思いますが。そ

図１　祇園前掛茶屋と四条河原芝居の風景

して河原には歌舞伎小屋がありました。今の南座は、ここら辺にありました。

それともう一つ、同様の洛中洛外図の別の作品です（図２）。これは北野の天満宮です。北野の天神様。そしてそこに、右近の馬場がありました。馬が走っています。阿国《おくに》歌舞伎の芝居小屋は、ここにあったのです。この図を見るまで、実は私もいい加減な解説をしていました。阿国歌舞伎の芝居は、始めは、五条の橋の袂にあった。その後に北野天満宮に移ったと当時の文献に書いてあるのです。漠然

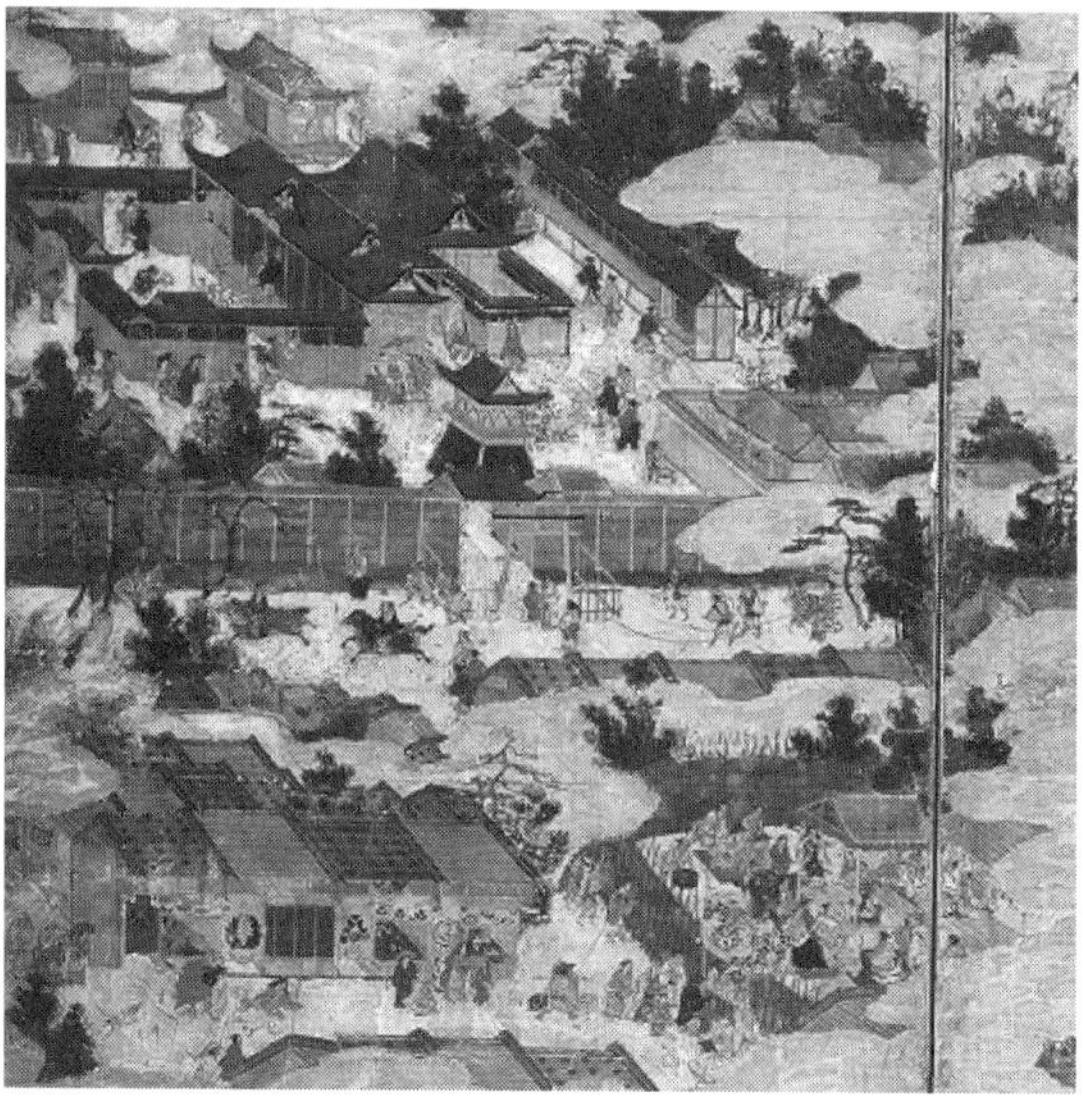

図２　北野天神右近の馬場東の阿国歌舞伎が芝居地から上七軒くるわへ推移したことを示す

としか書いてないから、今皆さんが、阿国歌舞伎の解説書を読むと、北野天満宮の境内に移ったなどと書いてあります。とんでもないです。しっかりした塀があって、馬場がある。阿国歌舞伎の芝居小屋というのはこんなにはなれたところにありました。これですね。北野天満宮のこの場所は、今は広場になっていて、塀もあります。後に阿国歌舞伎の小屋が無くなりますと、ここが上七軒という遊里に変わります。廓に変わっていきます。今この辺一帯が、上七軒になっていて、料理茶屋などが沢山あります。

つまり、この図で私がお見せしたいのは、こういう所に阿国歌舞伎、元祖歌舞伎の小屋があって、そして阿国がいなくなるとすぐそこに、廓が出来たということです。今私たちは廓と歌舞伎は違うと思うかもしれません。しかしさかのぼれば、同じ場所に発生して、同じような芸能を育てていたのです。こういうことを私たちは、もう忘れているのですね。現在だけ見ていては分からない。歴史をさかのぼって本質を見なければいけませんというのは、そういうことです。

花街は生命更新のお旅所 ― 神と人が交流するもう一つの祭りの場

もう一つ、是非、今日皆さんにお話しておきたいことは、お旅所という観念です。今、祇園のお祭りの中心は祇園本社です。それともう一つ、四条京極の辺りにお旅所があることはご存じだと思います。私たちは、祇園様のお祭りと言えばもう、山鉾だと思います。ところが、山鉾は、外側のお祭りの形態に過ぎません。外側が盛んになって、中心の部分がもう忘れられてしまっているところがあります。

祇園様からお祭りの最初に、お旅所に、ご本体が移ります。そしてお旅所では、お祭りが行われるのです。毎晩そこで、お燈明が上がって拝みにくる人も沢山います。そして、そのお旅所からお御輿に乗って、御本尊が最後のお祭りの時にまた祇園に戻ってきます。そういうお旅所を日本人は、お祭りの度に必ず作るのです。

今、沢山例をあげている暇はありませんから、

図3　春日若宮おん祭

図４　お旅所（神楽宿）への道行（宮崎県西臼杵郡高千穂町）

図５　神楽宿での神楽上演

簡単に申します。この下の写真の例（本書「京都の花街　生命更新の場として」Ⅱ　花街はお旅所）は有名な春日若宮のおん祭り（図３）のお旅所。大事な芸能は全部このお旅所（図４）で演じられます。ここで演じるのです。いろいろな芸能尽くしが演じられます。

これは、高千穂の夜神楽です（図５）。私も一晩中起きていて、この写真も私が撮ってきた写真です。高千穂夜神楽の本尊の神様を祀った熊野新宮が別の場所にあります。そこから仮面に神様を乗り移らせて、お旅所まで渡ります。そのお旅所は普通の人家です。この人家で一晩中芸能が演じられる。

お旅所という観念が、私は、花街を考える時に、きわめて重要だと思います。今申しましたように、神社には神様がいらっしゃる。河原にはまた別の神様がおられる。そこから神様をお招きして、お旅所でおもてなしをして、いろんな芸能や芸道を演じるところが花街の本質なのです。

祭りの二つの原型 ― 縄文型と弥生型

日本の祭りには二つの種類があります。一つは巫女と呼ばれる人が中心になるお祭りです。巫女は後に神主になります。

巫女だけがいて、そこにお客さんが来て、巫女が神がかりになっていろんなことをお告げして、お祭りを演じる。巫女系の祭り、シャーマニズム系の祭りです。恐山のイタコとか、沖縄のユタは、そういう神を司る女性シャーマンなのです。

もう一つは、非シャーマニズム系の祭りで場所だけが大事な祭りです。つまり巫女がいない祭りです。例えば福島県の葉山籠り（福島県東和町羽山籠りと新潟県藤原郷修験儀礼の写真）では、若者が成人式を迎えて一人前になる時に、山の上の岩窟の中を通り抜けます。そうすることによって、新しく生まれ変わるのです。そして新しい、一人前の大人として生きていく。それからもう一例、こちらは修験道系の祭りです。新潟県の藤原郷というところでも、やはり岩窟の中を通り抜ける行為が伴います。

大事なことは、岩窟を通り抜けるという点です。普通の人が岩窟を通り抜けることによって、新しい命を身に付けるのです。先ほど田口さんが生命更新とおっしゃいました。生命更新には二つの方法があるのです。一つは巫女を仲介する。もう一つは、こういう場所があって、その場所を人が通過する事によって、生命を更新する。これが日本のお祭りの二つの型です。そして花街にはその二つとも揃っているのです。

生命更新原理においてシャーマンを使わない、つまり場所が中心のものは縄文型（幽暗型）

で、これは縄文時代からある祭りです。例えば、こちらは縄文時代の人々の住居ですよ。（本書「京都の花街　生命更新の場として」Ⅲ　日本人の生命更新原理の二型の1型）こういうものの中に人は入って神に守られていると思って安心していたのです。

こちらは、子供を生む産小屋です。わざわざこの中に産婦が入って、子供を生むのです。ここに神様がいらっしゃって、お母さんを守ってくれるからです。茶室、躙《にじ》り口のような狭いところを通るのですが、中は暗い。狭い空間の中に神様がいて、その神様と交流することができるから、日本人は茶室のようなものを作ったのです。こんなものを作ったのは日本人だけです。お茶は中国から来ています。中国でも盛んなのですが、このような茶室は中国にはありません。

そして皆さんよくご存じの清水寺の胎内潜《くぐ》りです。狭いところを潜り抜けるわけです。そうすることによって、新しい命を手に入れる。日本人には、その二つの型があるのです。

さて、開放型というのは、先ほども申しましたように、シャーマンがいる型です。これは恐山のイタコですね。この人が神がかりになるのです。そして、p100の写真（図7・図8）は、神社の神楽殿の巫女舞です。（2型）

日本にはないのですが、シャーマニズムにはもう一つ別の型があります。男性の巫の魂が神様のもとに行く型です。中国の黒竜江省で見ましたが、ぐったりとして、魂がもう神様の所へ行っている様子がはっきりとわかりました。日本は別の型です。舞をまっているうちに神様をお招きするうちに、女性の中に神が入り込んでくるという型なのです。

神を招く為の「依代」と神迎えの場「花街」

生命更新の為には、いろんな条件が揃わなければなりません。まずは神様と会う場所が必要です。神様は、はじめから鎮座している場合と、他所から寄ってくる場合と二通りあります。それからシャーマンについてですが、日本には初めは存在していませんでした。だから日本の縄文時代の祭りは非シャーマニズム系なのです。シャーマンが出現するのは後の時代になってからのことです。

それからもう一つ大事なものが依代です。神様をお招きする為には、神様が喜んで来て下さる依代という仕掛けが必要になります。さらにお祭りをする人、それからお客様。つまり普通に訪ねて行く人ですね。そのような条件のそろった神に会う場所が花街なのです。

シャーマンの流れを汲んでいる存在が、舞妓であり芸妓であり、娼妓なのです。そして男性シャーマンの流れをくんでいるのが神主です。これについては後に申します。今、お話してきました祭りの本質を踏まえて、そこから、花街のもてなしの芸と呼ばれるものが生まれたという訳です。

それから付け加えますと、祭り人が花街の関係者にあたります。素晴らしいことは、花街がそのすべての要素をきちんと揃えているということなのです。

これは、江戸時代の文献『都林泉名勝図会』に載せられている花街の遊びの様子を示したものです（図6）。

尾張商人の菱谷平七という人が京都の円山の花街で遊んだ記録を残しているのです。挿絵からは、眺めの良い座敷で、仲居がお酒や料理を出し、芸妓や舞妓が三味線にあわせて唄を歌うと客もまた歌

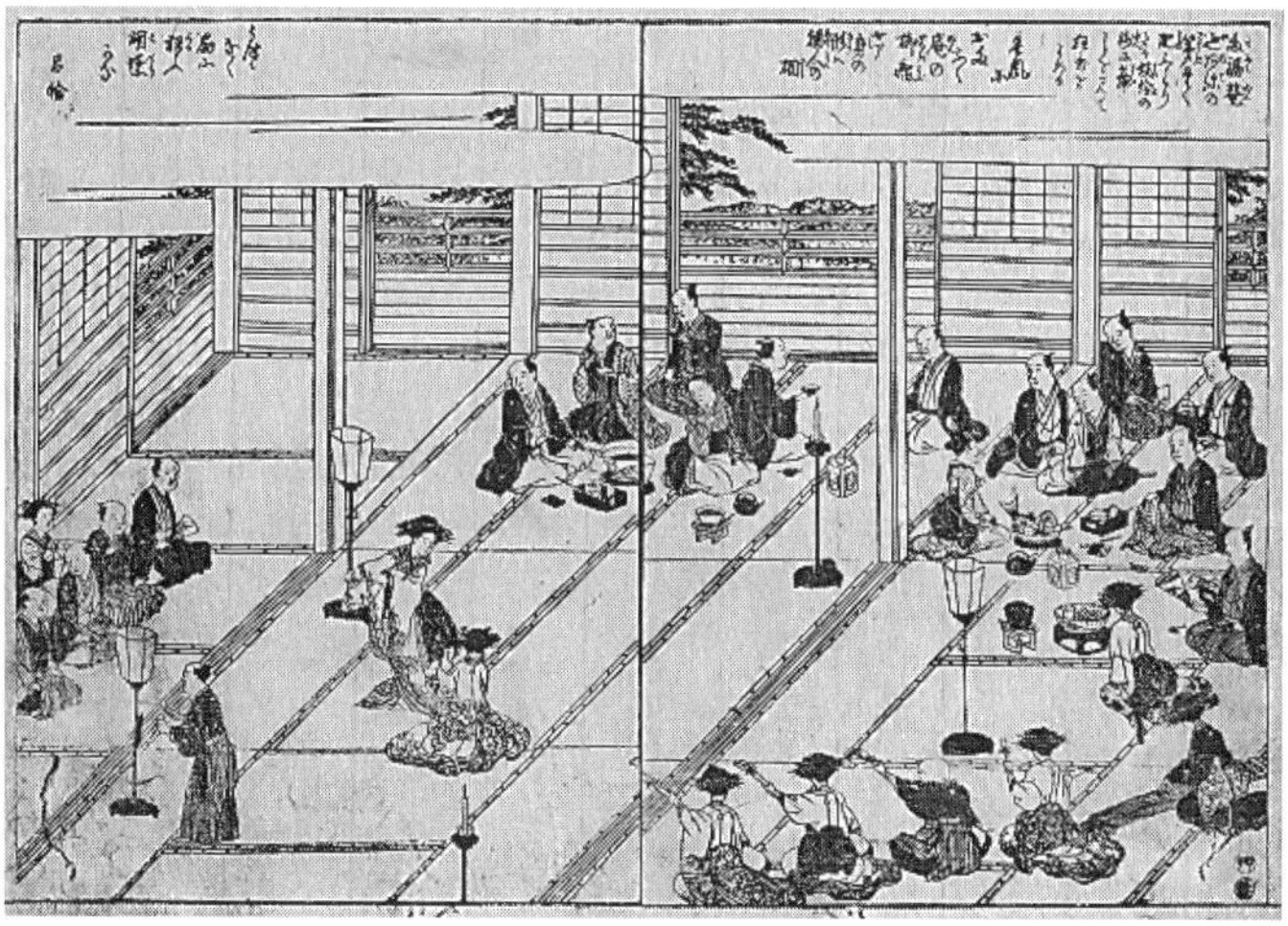

図6　『都林泉名勝図会』　寛政11（1799）

うといった様子が伺えます。前の図からも、舞踊・筝・幇間《ほうかん》と呼ばれる人たち・煙草・灯りと、この座敷に祭りに必要な要素がすべて盛り込まれているのがわかるのですね。

「依代」からすべての芸道が生まれた

「芸能」という言葉を皆さんは無論ご存じです。歌舞伎のような古い芸能もあるし、新しい芸能もあります。それからもう一つ今日申し上げたいことは、依代から「芸道」と呼ばれるものが生まれたということです。芸道という言葉は、日本ではそんなに古い時代にさかのぼって使われていません。文献で調べていくと中世、室町時代までしかさかのぼれません。それ以前に芸道という言葉はなかったのです。

芸道という言葉のはじまり

室町時代頃に、主に禅僧を介して老子、荘子と呼ばれる中国の哲学が日本に入って来ました。老荘哲学では普通の宗教でいう、神にあたるものを「道」と呼びました。道は、世界の根本であり、宇宙の根源で、そこからあらゆるものが生まれてくると考えられました。陰陽五行思想も老荘哲学で説かれ、それが、日本人にも大きな影響を与えました。そうして日本人もこの道という言葉を非常に大切に思うようになったのです。そして、そこから芸道という言葉が生まれていきました。

芸道と芸能の関わり ― 花街には日本伝統文化が凝縮している

芸道というのは芸能とどのようにかかわっているのか。神様をお迎えする為には、お迎えする依代が必要です。例えば食事・座敷・灯り・榊・扇などが必要です。その一つ一つが全部芸道になり、舞踊が芸能になっていくのです。

実は芸能と芸道という日本文化の大事なものは、お祭りから生まれてきました。シャーマニズム系のお祭りからです。今までの書物には、中国からお茶が入ってきて、それが室町時代に千利休によって茶道に完成されたなどと書いてあっても、それらを総括して、茶道というものが、何を基にして、どういう原理で生れ、発達したのかを解説したものはありません。研究書もないのです。この原理はこの度、私がはじめて考えたことです。

芸道と老荘哲学 ― 「道」の概念

「包丁《ほうちょう》」という言葉ご存じでしょう。

包丁という言葉は、『荘子』という書物の中に「包丁《ほうてい》問答」という言葉で出てきます。料理の名人が、主人から「お前、料理の名人だな。」と言われて、「私の料理の技は名人ではなく、すでに道に達しているのです。道は技を超えるのです。」と言って主人を感動させた。そこから包丁という言葉が出てきたのです。『荘子』の「包丁問答」はまさに、料理が、中国においても、「道」と考えられていたことを示しています。ただし中国は、料理だけなのです。それだけしか出てこない。ところが日本人はそれを中世に、様々な分野に応用していき、芸道というものを作っていったのです。

依代から芸道が生まれる

依代がどれぐらいあるか。もともと人も依代と言えます。それから扇があります。幣が下がって絵が切り抜いてあります。刀があってお花も飾られていますし、太鼓も他の楽器も、祭壇もあります。

つまり、今挙げた身体、衣装、化粧も依代です。道具、刀、槍、祭壇、建物、綱、灯明、灯り、白幣、扇、切紙、形態、文字、楽器（笛・太鼓）、飲食物、植物、それから焚かれたお香、これら一つ一つが依代であって、後々芸道になっていくのです。そしてくりかえしとなりますが、こういうものがすべて花街に揃っているのです。

花街の女性 ― 神と人を媒介する巫女

舞妓、芸妓、それから娼妓も含めて、これらの人は巫女なのです（本書「京都の花街　生命更新の場として」Ⅴ　花街の舞妓・芸妓）。原型を辿れば巫女なのです。巫女から、いろんな舞踊、あるいは芸能が生まれてきて、今の花街の、例えば「都をどり」とか、「鴨川をどり」とか、そういうようなものになっていくし、お座敷の舞踊になっていくのです。

図7・図8をご覧ください。「伊勢神宮倭舞」「福島磐梯神社神子舞」です。こういう芸能と、今日会場にお見えになっている舞妓さんの舞とは、舞踊が原型で繋がっているのです。

田口　有難うございました。いくつかの新しい見方が提示されました。簡単に整理しておきますと、まず一つ目は、花街が生命更新の場であるということ。もう少し具体的にいいますと、花街が単なる遊楽の場所ではないということですね。

それから二つ目は、生命更新には二つのタイプがあるというご指摘。それから三つ目は、芸道が神を迎える依代から生まれたということですね。そして花街の舞踊が、巫女舞の直系であるという、そのようなお話が出たかとおもいます。この花街の舞踊ですね、これが婦女

図７　伊勢神宮倭舞（巫女舞）

図８　福島磐梯神社神子舞

舞の直系でありますことは、結局、芸妓さん、舞妓さんの舞というものが、生命更新に大きな役割を果たすということですね。

ここで、舞の役割について、井上八千代さんに私の方から二つほどご質問致します。一つは「生命更新」のきっかけとなる舞の身体所作について、その舞がどんなものかということ。これは井上流の舞の動作についてで結構です。もう一つは、実際に舞を舞う芸妓さんや舞妓さんへのお稽古の仕方についてで、どの様にお稽古していくのかをおうかがいしたいと思います。

祇園における京舞井上流のあり方

井上　今諏訪先生のお話を、神様と私達芸能者の関係ということで考えながら聞かせて頂いておりました。

私は、花街の祇園に入らして貰いまして、くるわの中で舞を教えさせて頂いております。

知恩院さんの新門前に参りましたのは私の祖母、先代の八千代の時代からです。よく祖母が申しておりま

井上八千代（井上流家元）

したのは、「新門前は祇園と違う」ということでした。ですから祇園に近くても違った所にいるというのだというスタンスを私の師匠はずっととってたんやないかと、思うております。

そうは言っても、私の祖母は舞妓に出て、祇園の中に身を置いた時期があったわけです。ただ、私はまったくその言葉の真意を理解しないまま、祇園の人達のお昼の姿だけを見て参りました。先ほど波木井のお父さんが「お師匠さんは、お昼しか知りはらしませんやろ」と、うまいこと言うて下さいました。その通りです。実際お商売も何も分からないんですけど、自分はお稽古だけさして頂いている、という立場でおります。ですから、今後も同じ考えでいくのが私のあり方ではないかと考えております。

神迎えの基本所作「摺足と回ること」

今、新門前に住んでおりますので、祇園の八坂神社の氏子です。けれど、井上流京舞ということでいえば、初代から祇園新門前の氏子というのではなく、中途からの氏子です。

ただ、芸能をするということに関しては、例えば私でしたら、祇園さんに月に何回かお参りをします。幸せになりたいさかいに、神さんに拝むわけですが、同時に神さんも喜んで欲しいのです。喜んで欲しいから舞も舞わせて頂きますので、結果的に「芸能をする」ことになるんではないかなと思うんです。

それから井上流の舞の形としての生命更新についてですが、神様をお迎えする巫女の所作が舞の始まりであるとよく言われています。舞の始めの話として、鈿女《うずめ》さんが足を踏み轟かしてアマテラスを呼びさましたというような言い伝えがございます。それから先ほど諏訪先生がおっしゃっていたお御輿さんの話ですが、お御輿さんがお旅所から八坂神社へ帰られた時はいつも、お御輿さんを持って回る行為があります。

芸能の始まりについて舞の場合で考えますと、やはり回るという所作にあると思われます。摺足《すりあし》で歩みまして、回る所作をするのです。多分それが舞における芸能の最初の所作かなと思いますし、その所作を通じて神様と繋がるように思われます。

私の場合、神様とか、色々な魂が自分に宿ります。ですからその自分の舞をお客様に見て頂くことで、自分の感覚が皆様と共有され、生命更新としての舞の所作に繋がると思っております。

舞という芸でつながっていく

それともう一つ、お稽古のことについておっしゃいました。井上流京舞では、皆お正月に

「門松」というものを致します。大変硬い振りの井上流は、祇園では、いわゆる表芸として通っています。私自身は、祇園の芸妓、舞妓の人達と自分達が、芸を通じて繫がっているという感覚を持っております。舞妓さんたちの夜の姿はあんまり存じませんけれども、花街の中のお楽しみというのは、どこかに秘め事があって当たり前やと私は思います。秘め事があって、どこかに色気があるのが本当なんでしょう。けれど、そういう中にあっても、お昼には硬いお稽古をするというのが、面白いかなと私自身は理解しています。

田口　有難うございました。

今日は廣島屋の女将さんに来て頂いています。私たちはなかなかお茶屋さんというところとはご縁がございませんのでいろいろお話をうかがいたいと思います。廣島屋さんは大変由緒のあるお茶屋さんでして、本日プロフィールをお配りいたしておりますが、ここに「赤前垂れ」という、私たちが日ごろあまり耳にする事のない言葉がございます。古い格式のあるお茶屋を「赤前垂れの店」と呼んだという、そういう由緒あるお茶屋さんである廣島屋さんに、今日はその赤前垂れをお持ちいただいています。その辺から、お茶屋さんの話をしていただければと思います。

赤前垂れの茶屋「廣島屋」

廣島屋　私かて、全然生まれておりません昔からのお話どすさかいに、正確な事はちょっとわからんのどすけど、昔は七軒のお茶屋さんに、赤前垂れを出来る仲居さんがいはったっていうことです。今赤前垂れのあるお茶屋さんは、一力さん、富美代さん、それとうちの三軒になってしもたんどす。仲居さんの修行も昔はもう大変で、女将さんよりも仲居さんでお客様のごひいきが出来たという風に聞いています。女将さんは「おいでやす」ていうてお迎えして、お出ましの時に「おおきに」っていうだけで、後は全部、その仲居はんが仕切ってくれたそうです。ですから、お茶屋さんは仲居はんで持っていた風に聞いています。皆さま、この赤前垂れ見ておくれやす（図9）。

田口　赤前垂れというのは前掛け、今風に言うとエプロンにあたるものですね。着物の上から。

廣島屋　そうどす。仲居さんはだいたいが黒い繻子《しゅす》の

清水久子（祇園お茶屋「廣島家」女将）

帯をしてはりますからね。それで皆鮫小紋の紋付で、裾を引いてはったんどす。

田口　仲居さんが裾をひいているのですね。

廣島屋　はい。そやさかい、仲居さんでも一番上の仲居さんで、他の用事の事は、下仲居さんとか、中仲居さんとかが致しました。下仲居さんは、お座敷の所までしか行けしません。お座敷の中に中の仲居さんがいはって、その方が御客様にお食事やお酒などをお配りして、一番上の仲居さんはどーんと座って怖かったということです。（会場笑）

田口　だいたい仲居さんは何人ぐらいいらしたんですか。

廣島屋　多い時は、ほんま大奥みたいやったみたいですよ。

田口　大奥ですか。

廣島屋　ええ。一番上の仲居さんが何人かいはって、また、その仲居さんの派があって、その仲居はん同士も大変なことやったらしいどすわ。

図９　赤前垂れ

田口　その前垂れに紋のようなものが入っているようですけれども。それは何か意味があるのですか。

廣島屋　これは仲居さんのお色の紋で、お茶屋は全然関係おへんのやけど、仲居さんの恋人とか、好きな役者はんのご贔屓の紋をつけられるという仲居さんの特権だったんどすね。

田口　例えば片岡仁左衛門が贔屓だったら、仁左衛門さんの紋をそこに染め抜いてしまうわけですか。

廣島屋　そういうことどす。ですから、仲居さんが一番お金がかかる人どした。贅沢な仲居はんの恋人は、贅沢な人やったんどす。舞妓さんとか芸妓さんとかを必ず二人連れてでないと仲居はんとデートが出来んかったらしい。（会場笑）

今みたいと違って、住み込みどしたさかいに、朝十時やったら十時に出て、「お芝居にこの人といってきます」と言って外出して、四条の橋の上でいったんお伴の舞妓さんらと別れます。そうすると舞妓はんらも好きな人に会いに行けるし、仲居さんは仲居さんで会いに行かはって、それでまた夜の十時になったら、一緒に「ただいま」言うてお母さんにご挨拶して戻りはったということで、仲居さんが一番贅沢されていたそうどす（笑）……

田口　例えば、舞妓さんになりたいと言う人がいる場合、教育をするのは仲居さんなのですか。

廣島屋　教育をするのは、お茶屋業というのと別で、子方業《こかたぎょう》という見習い茶屋があるのどす。その子方屋はんにいっぱいお姉さんやらがいやはって、お掃除、洗濯など、全部自分たちでしながら舞のお稽古さしてもろうて、お姉さんのお手伝いをします。その上で、お師匠さんに、「舞妓はんになってもええ」て言うて頂いたら、決まった子方屋はんから舞妓さん、芸妓さんになるのどす。

うちは今、お茶屋と舞妓はんをおいている子方業の両方をさせて貰うていますけれども、私の時は一力さんでお世話になりました。舞妓さんのだらりの帯を半分にして、袂もまだ短い肩上げだけの姿でひと月間。決まったお茶屋さんへ行って、舞妓はんになるまでのお勉強をするのどす。お姉さんやらに顔を覚えてもろうて、「お頼み申します」とか「おいでやす」とか、そういった基本的なお行儀見習いをさせてもらうのどす。昔はもっと長い期間をかけましたが、見習いの後やっと店出しが出来るのどす。

田口　そうしますと、その仕込みさんとして入った時に、同時に八千代さんの所に舞の入門をするわけですか。

廣島屋　そうどす。八千代さんの所にお願いしに行って、お稽古して頂きます。

田口　八千代さん、それはたいへんですね。何も知らない所からのお稽古というのは。

井上　そうですね。大変ですが、長くお稽古しはりますと情が移りますので、出来るだけ続いてほしいなと思うのです。

廣島屋　そうどすね。

井上　置かれる家は更に大変やろうと思います。この頃ですと、ちょっと研修期間を設けてから、「もう一遍来るか、ほんまに来るか。祇園へ来るか。」という風に念をおして確認するのです。その上で実際にお稽古に来られることが多いようです。しかし結局は、一緒に暮らしてみんと分からしまへんですね。

廣島屋　そうどすね。やはり外の世界とは違う所ですから。今のお子さんたちはものすごう大事に育てられてはって、お部屋も一人一つずつあてごうて、でも団らんというのがお家のなかで少のうなってますのね。そやさかいに、自己主義っていうのか、しっかりしてはるっていうのか（笑）こっちは一つずつ齢とっていく分、来てくれはる人は一つずつ若いさかいに、なかなかバランスが難しいおすわ。

（会場笑）

田口　ご苦労があるのですね。（会場笑）

廣島屋　ええ。来はる人も大変どすけど、置かしてもらう方も大変なことどす。

田口　そうしますと、廣島屋さんの場合は、今は、そのお茶屋と、舞妓さんを置く子方屋の両方をなさっているわけですね。

廣島屋　そうさしてもろうております。

田口　それは大変な事ですね。

廣島屋　ええ。（会場笑）皆さんの方がようご存じだと思います。

田口　先ほど依代として化粧とか衣装というのが出てきましたけれど、化粧は、女将さんが教えてあげることはあるのでしょうか。

廣島屋　今の人は早いこと慣れて上手にしはります。五十年ほど前はもう、お白粉壺から出たみたいでしたね。今は物もようなって、今の人は綺麗にしはります。最初はお姉さんが、教えて、そして少しずつその家のやり方を覚えていくのどす。

田口　お衣装も素晴らしいですけれど、あの衣装はお茶屋さんや子方屋さんがすべてもっているのですか。

廣島屋　子方屋の方が持っております。
田口　大変な財産ですね。
廣島屋　いや、消耗品どす。それより、鹿子留《かのこど》めとか、帯留めのぽっちりとか、ビラ（かんざし）とかそういう小物の方が、代々譲られてきた大変な物どす。
田口　そういうものも依代ですね。美しいものはすべて依代になる訳です。有難うございます。
諏訪　京都造形芸術大学が花街の研究をすると田口さんが言い出された。「じゃぁ祇園へフィールドワークに行ってお座敷に上がれるんだな～」と。（会場笑）もう、舞い上がるような気持ちで参加したのですが、実際には外側を歩いただけなのです。（会場笑）一度も中へ入ったことがない。ですから今日のお話は私にとっても大変参考になります。「あ～そうなんだな～」ということで、よくわかります。
田口　諏訪先生、次のご報告をお願い致します。

花街の男性芸能者「覡《げき》」の存在

諏訪　さきほど舞妓さん、芸妓さんそれから娼妓などの女性の芸能者に触れましたが、花街には、もう一つ非常に大事な男性の芸能者の存在があるのです。その男性の芸能者がいったいどこから来ているのかという問題があります。

歴史的に見ると日本のシャーマニズム系のお祭りは、女性中心の祭りから男性中心の祭りへと大きな流れを辿ります。女性はもともと神がかり能力が非常に強いので、シャーマンは、女性である場合がほとんどです。男性は女性に比べますと、神がかり能力がない。ないから例えば仮面などの補助器具を使うのです。女性は本来仮面を被りません。仮面は男性が神がかりする為に用いられたのです。

それから私どもが調査しておりますと、よくプカプカ煙草を吸っていて、そのうちに神がかりになるといった光景を見るのですね。もっと極端な例では、大麻なんかも使います。粉を吸っているうちにバタッと倒れて、神がかりになるのです。

日本の場合、お祭りの主宰者が女性から男性に代わっていくのが奈良・平安の頃でした。そのころ律令政治が行われ、大陸から様々な法令が入ってきて、お祭りは男性がやるべきなのだということが規定されるのです。併せて仏教や道教の影響、あるいは日本で陰陽道とか修験道などが確立してくると、男性中心の宗教が盛んになっていきました。その結果、女性は補助者に後退し、男性が祭りを主宰する神主になっていきます。はじめ神主というのは女性のことを言ったのですよ。『日本書紀』なんかに神主という言葉が出てきますけれど、それ女性です。神功皇后のことを指しているのです。

例えば、祈禱師、修験者、仏教僧、陰陽師と言った人達が、祭りの主宰者になります。そして、この人達は基本的に補助者を使います。神主ですと、さっきお見せした巫女。それから寄坐《よりまし》などを使います。修験者ですと鬼。鬼というのは、補助霊なのです。それから天狗か、仏教も守護神がいます。陰陽師は式神を、という形で補助者を使って神祭りを盛り上げますが、自分たちでも芸を演じる、そこから男の役者が生まれてくるわけです。歌舞伎役者も溯ればそういう祭りの補助者へたどれるのです。

男性芸能者が花街でも活躍している、そしてそういう人たちは、日本の宗教史の必然の中で、女性から男性へ代わっていったのだということです。

田口　有難うございます。神様と人、お客様の間を自由に往来して、楽しませるということで、「祇園　波木井」のお父さんにご質問します。いつもでしたら波木井のお父さんはお三味線を持っていらっしゃるのですが、今日はシンポジウムということなので三味線なしでご出演頂きました。皆様には「祇園　波木井」のお父さんがすごい遊芸を持ち合わせて伝承されているということを、これから三分ほど映像でご紹介します。

二〇〇六年の一月に、この春秋座で開講しています「日本芸能史」の授業で、「粋芸」というテーマで一時間半に渡ってご講義を実演入りでして頂きました。お父さん、「推量節」は、会場全員で「推量〜、推量〜」と歌って盛り上がりましたね。

波木井　ええ、自分のVTRを見てますと照れますけれど。京都は幸いなことにかろうじて戦火から免れまして、戦争の後に大阪、神戸辺り、あるいは東京から京都に流れてきた芸妓さん方が多いんですよ。その後そのまま京都の花街で芸妓さんをなさっていたという方がほとんどです。特に京都は、文楽の太棹を専門にひく義太夫芸妓さんが沢山居てたんです。

昔は神参りをして夕暮れ時になると、いろんな廓へおいでになることを楽しみとしていた方が多くいましたので、二階の灯りがつくと、夜が更けるまで三味線の音がずっとしてました。それなのに、今は花街を歩いて頂いても三味線の音がほとんど聞こえてきません。我々、昔を知っている者としては本当に寂しいことです。

波木井正夫（「祇園　波木井」主人）

お客さんをもてなす側の芸妓さんに最も大事なことを言いますと、昼間はきちんとしたお稽古をなさってその舞をお客様方の前でご披露して、夜はお客様方をお座敷で楽しませられるというような二つの側面を持ってないとダメなように思います。

今はどのお店にもカラオケがありますので、芸妓さんも舞妓さんもお客さんについてカラオケへお行きになる。自分もお歌いになれるので非常に楽しいと思うのです。でも、今私共の店では、昔ながらの三味線遣いをやっております。うちへ見えてる芸妓さん、舞妓さんには昔のお座敷のことを少しでも分かってもらえるようにお教えしており、実際とても有能な舞妓さん芸妓さんも多いのです。

ＶＴＲでおわかりのように、うちによく来る人は、皆が一緒になって「散財」の遊びを致します。この遊びをすると、自分自身も楽しいし、お客様も楽しむ中から恋が芽生えるとか、いろんなことがあったり致します。芸妓さんとお客さんの間を取り持つのが、昔でいいます幇間《ほうかん》さんでした。私は、根っから和風事が好きなもんで、自分で元気な間は、昔の芸を出来るだけお客さんに知って頂きたいと思っています。今日は、昔の遊びをご存じの方も初めての方もこの場においでですから、申し上げるのですが、本当にこの花街、廓という所は、偏見的に見て頂く所ではなく、文化を継承している場所です。ですから、私たちは毎晩、自信を持って芸能をやらしてもろうているのです。

田口　昔と今とでは状況も随分ちがっているのでしょうか。

波木井　昭和三十年代には小唄ブームが起こりまして、もう、どこの社員さんでも小唄の稽古をしないとお商売までが出来ないような状況が続いた時がございました。京都だけでも小唄の師匠さんが百人以上おいでだったんですが、今では十人切るぐらいしかいませんし、稽古なさる方も十分の一になってしまいました。

また、今の芸妓さん方は、きちんとした芸をお座敷で見せるんですけど、お酒と三味線、太鼓が入っても、「散財」の遊びをほとんどなさいませんし、芸妓さんご自身で地方《じかた》を務められる人がほとんどいなくなっています。それで、ほんまに簡単な「虎虎《とらとら》」なんかをやるわけです。とにかく昔の旦那方がお遊びになっていた「チャリ舞」にしても、いろいろ面白いものが沢山ございますから、そういう遊びを少しでも後の世代に残していきたいと思っております。

田口　たとえば、遊芸、お座敷芸、色々な種類があると思うのですけれども、その辺のことを少しお話してくださいますか。

波木井　一昔前は、若い時分に芸妓さんだった人が、小唄だけでなく端唄でも何でも自分が稽古してきたものを教えるといった町のお師匠さんと称す人が大勢おいでだったんです。

そういう先生がいらっしゃる一方で、お茶屋さんのお客様には本当に芸事が好きで、色気よりも芸で遊びたいという方も沢山おいでてでしたので、わざわざ東京から有名なお師匠さん達が、京都のお茶屋さんの稽古場まで通っていらしてたんです。清元の芸をなさる方は清元の芸妓さんを、常磐津の方は常磐津の芸妓さんを呼んで大いに楽しまれていました。私もそのうちの一人で、毎日毎日飽きずに務めて、もう四十何年になります。けれども、今現在、東京からのお師匠さんも、清元とか常磐津の方とかも稽古をつけられる為に京都にお見えになるということはなくなってしまいました。私としましては、本当にこういうお座敷芸という遊びを、皆さんがおやりにならなくなったのが、非常に残念なんです。せめて「都都逸《どどいつ》」一つでもお客さんに覚えてほしい。こう願っております。

田口　お父さんは義太夫、常磐津、清元、なんでもおできになりますけれども、お師匠さんに稽古していただく以外には、どういう風にして遊芸を学ばれたのですか。

波木井　それは昔のお客さん方とか、芸妓さんのおかげですね。お座敷でお客さんをもてなす芸についていえば、昔の芸妓さんの力量は、今の方達と十倍くらいは違うてたんやないかと思います。

昼間はすばらしい舞をお見せになるのに、一つお酒がはいるともう、本当にこの姉さんやないと出来ないという芸をもっている姉さんが沢山いました。このお客さんはこれがお得意やというのはみんなこちらがわかるんで、おいでになるとそれを唄ってもらったり、踊ってもらったりしました。今の芸妓さんの中には、お座敷で舞を見せたらもうそれで十分と思っている感覚の方がおいでのような気がいたします。また、三味線弾きの地方《じかた》さんにしても、本来お座敷で舞の地方をしたら、そのまま三味線を置いたままにしてお酌に行くもんですのに、先に三味線を片づけてしまう人が多いんですよ。そうなればいくらお客さんが唄いたいと思っても三味線がないから唄えないとなってしまいます。ですから地方さんも、もう少し心遣いして下さると有難いですし、またそうすれば、若い芸妓さんも覚えていく機会にもなると思うのです。

田口　お父さん自身は、どこかでお座敷がかかるというようなことがございますか。

波木井　昔からの俳優さんとか役者さんとかがお見えになりますと、お声がかかりますので、たとえ十分でも二十分でも駆けつけます。義太夫の姉さんの「裏をかける」のです。つまり私が細い三味線と義太夫の姉さんの太三味線の二丁で、義太夫節の「野崎村」の最後の段切りを面白く弾くわけです。昔は義太夫さんが大勢いましたので、うちの店でも殆ど毎晩のようにやっていましたし、それを楽しみに京都へお越しになるお客さんも多かったですね。

田口　諏訪先生、今のお話からすると、波木井のお父さんは巫覡《ふげき》にあたる存在……芝居ならば役者と同じ系譜になっていくのですね。

諏訪　はい。お祭りは、神様と交流する場ですが、厳粛な儀式的面とその一方で、羽目をはずして楽しく遊ぶという両要素があるのです。世界のお祭りはすべてそうです。

その時に厳粛な儀式的な面を、例えば神主という人たちが受け持ちます。この神主といわれる人たちは、神様を祀る場面と普通の人たちがいる場面、場所、あるいは空間を、きちんと分けていますから、その間を勝手に行ったり来たりしません。ところが一方で、お祭りを担当する人達の中で、そういった儀式とは違う、羽目を外して騒ぐ場面、騒ぐ空間を作る人たちがいるのです。この人達は、神聖な空間と、俗な空間とを行ったり来たりしながら両方を盛り上げていきます。日本の祭りですと、例えば神楽などがその例で、そこに面をかぶった「おかめひょっとこ」などが出てきます。ああいう人たちが、いってみれば馬鹿騒ぎをする役割を受け継いでいる人たちなのです。そういう人たちから道化と言われる役柄の人達が生まれてきます。

今伺っていますと、波木井さんは見事に両方をこなしていらっしゃる。非常に厳粛なきちんとした芸能も受け継いでいらっしゃるし、それから、その場を盛り上げて聖と俗とを混乱させてしまう部分も受け持っていらっしゃる、非常に珍しい芸能者だと思います。

田口　有難うございます。廣島屋の女将さん、お座敷では、女将さんはどのような役割をしているのでしょうか。盛り上げたりなんだりと、大変なのですか。

女将の役割と期待

廣島屋　あんまり芸妓さん舞妓さんよりもでしゃばってしまうとあきまへんし、やっぱり芸妓さん舞妓さんを立てて、おいしいお酒を頂いてます。（会場笑）

田口　最近、ＫＹとかいって空気が読める、読めないなんていう言葉がはやっていますけれども、いわゆる場の空気を読むことは大変なことだと思います。

廣島屋　やっぱりそれも、お客さんや芸妓はん舞妓はんに助けてもろうて、皆で場を作ってい

くっていうのが一つの楽しい御座敷になるんと違いますか。
　やっぱりお客様に教えて頂きながら、芸妓はん舞妓はんが自分の役割をしっかりわからはるように、子方側としても教育せんといきまへん。舞妓はん芸妓はんの方でも、教えてもろたら素直に「おおきに」という感謝の気持ちをいつも持ってほしいと思うてます。

田口　芸妓さんと舞妓さんの役割に違いはありますか。

廣島屋　舞妓さんは、髪も自髪で結い上げますし、中学校を卒業する十五歳になったら舞妓さんになれます。舞妓さんの一番の特徴は歩くとゆらゆら揺れる「だらりの帯」どす。芸妓さんになったら鬘になりまして、袂も短くなり子供の舞妓さんとは格好からしても違います。キャリア的にも芸妓さんの方が上で、なによりも大きな違いは大人としてみられることやと思います。
　一つずつ年を重ねて色々教えてもらいはるってお稽古もそれだけ古うなってきはったら、御家元から一つずつ大きいお役をつけてもろうてそれをお座敷で舞わして頂ける。これが、芸妓はんの楽しみやと思います。最近は皆さん「かなわん、かなわん」としょっちゅうお稽古を逃げはりますけど、自分で一つずつ壁を乗り越えて生き、いい芸妓はんになって欲しいと思うてます。

田口　女将さんは舞妓さんの時に、井上流の名取になられているのですね。舞妓さんの時に名取ということはすごいことですね。

廣島屋　私は満四歳の時にお稽古に寄せてもらいました。ですから、右の手がお箸を持つ手で左手はお茶碗と、先代のお師匠さんから習ったんどす。怒られるのが得意どして（会場笑）何しろ私の後にお稽古するのをお姉さん方が「かなわん」ていわれるほど、ほんまによう怒られました。（笑）

田口　厳しいですね。芸妓さんが名取ということはやはりすごいことですね。

廣島屋　そうどすね。せやけどほんまにお師匠さんに怒られて、もう、お止《と》めにおうて、「これで時計がとまったらええのに。地球がとまったらええのに。もう朝が来いへんかったらええ。」と思ったことは何回もおすねぇ。

田口　オトメとはどういうことですか。

廣島屋　「お止め」っていうたら「あんたあかん」ていうて、お稽古つけてもらえへんのどす。ほしたら御姉さんから家の人から、皆一緒になって謝ってもろうて、「すんまへん、すんまへん」ていうて貰うたんどす。「御帰り」って言われて、そこでほんまに帰ってしまったらあかんのどす。おなかが空いても、「帰ったらあかん。私の負けや。」と思うて……負けやっていうたらあきまへんけど、やっぱり頑張らんなという気持ちがありました。

田口　諏訪先生、今のお話いかがでしょうか。

諏訪　私の孫が行っている幼稚園で先生が少し叱ったら、母親が乗り込んできましてね。そして園長に談じ込んで、その先生はしばらく謹慎になりました。東京ではそういうことが起こっていまして、それは小学校でもみられる現象ですね。

今伺っていますと、やはり日本人の一番いいものを残しているのは、もう、花街しかないなぁと思いました。

田口　有難うございます。お父さんのお店には勿論常連さんもお越しになると思いますが、いわゆる、初めてのお客さんの場合、お父さんは遊び方の「教育」なるものをなさるのですか。

波木井　この頃、雑誌を見てとおっしゃってうちにおいでになる場合は断る訳にいかないですね。初めての方はたいてい、芸妓さんと舞妓さんとお客さんが一緒に連れ立っておいでになるのを見ると、あっけにとられておられますね。それを辛抱してまた来て頂くと、うちのお客さんになって頂けるんですけれども、一回限りでもう怖がって来なくなる人も、中にはいらっしゃいますよ。

田口　怖がるって、何か脅すのですか。（笑）

波木井　いや、別に脅しはしませんよ。ただ、うちでは日本酒をお出しするんです。芸妓さんや舞妓さんを呼んだ時は、出来るだけ芸妓さん舞妓さんが仕事できるようなもん飲んで下さいとは言います。日本酒ではなく、水割りとかワインですと、舞妓さん方のお酌をする仕事が無くなってしまいますので。こんなことは本来はお茶屋さんがお仕込みになることなんですけれど、私は私で気のついたことは、言わせてもろうています。（笑）

田口　有難うございます。それでは諏訪先生、最後の項目の花街と料理についてご報告お願い致します。

花街と料理 ― 祭りに置ける神人共食が原型

諏訪　今、ワインとウイスキーは出さないとおっしゃいましたが、これは大変深い意味があります。日本酒というのは伝統的な日本の祭りのお酒なのです。というのは、日本のお祭りは稲作と非常に深く関係しますから、必ず祭壇へ行けばお米が盛ってあります。お米を非常に大事にしてきました。ですから、お酒を飲む場合にもお米のお酒を飲むことになるのです。

民俗学に、「神人共食」という言葉があります。お祭りがどのように始まったか様々な理由がありますが、そのもっとも大切な理由の一つが、食べ物をきちんと手に入れるということです。お祭りの形態は、その食べ物をどうやって手に入れているのか、専門的には「生《せい》業《ぎょう》」と申しますけれども、その生業によってお祭りの形が変わります。つまり、稲作を中心とした弥生文化には弥生文化の形式の祭りがあるし、その前時代、食物を拾い、狩りを行なっていた狩猟採集経済の時代にはその時代の祭りがあったのです。さっき、私がお祭りに二つの形がある。一つは幽暗型の縄文系でもう一つは開放型の弥生系の祭りと申しましたが、それはこのようなことと関わるのです。

食べ物は依代であり神そのものでもある ― 神人共食の原理

神様をお招きする時に、依代が大事だということをさきほど申し上げました。依代は色々な種類がある。その中で一番大事なのは食べ物です。食べ物は神様をお招きする為の依代、道具でもあるのですが、食べ物は同時に神様そのものでもあります。今は日本人の中に食事をする時に拝む人が少なくなりましたが、本来拝むのは、食べ物が神様だからです。

神人共食とは、神様をお招きして、一緒に食事をして、そして、神様が宿っている、あるいは神自体である食べ物の力を自分の体の中に取り込むことなのです。

皆さんの中にキリスト教信者がいらっしゃるかもしれませんね。そうすると、洗礼というのをお受けになる時に、葡萄酒とパンを与えられる。その際牧師さんあるいは神父さんから「このパンはキリストの体である。この葡萄酒はキリストの血である」という風に言われると思うのです。つまり今、パンを食べたり、それからワインを飲んだりするということは、神であるキリストを自分の身体の中に取り込むということで、これもまた普遍的なお祭りの原理を表しているのです。

日本人が食べ物を非常に大事にしてきて、まず神様に供えて、そして神様と一緒に食べるといった伝統が花街でも料理を非常に大事にすることにつながっています（図10）。大切なことなので繰り返しますが日本の場合縄文時代の採集狩猟型経済と、もう一つは、弥生時代の農耕型経済が日本人の二大生業で、そしてそれに従ってお祭りの差

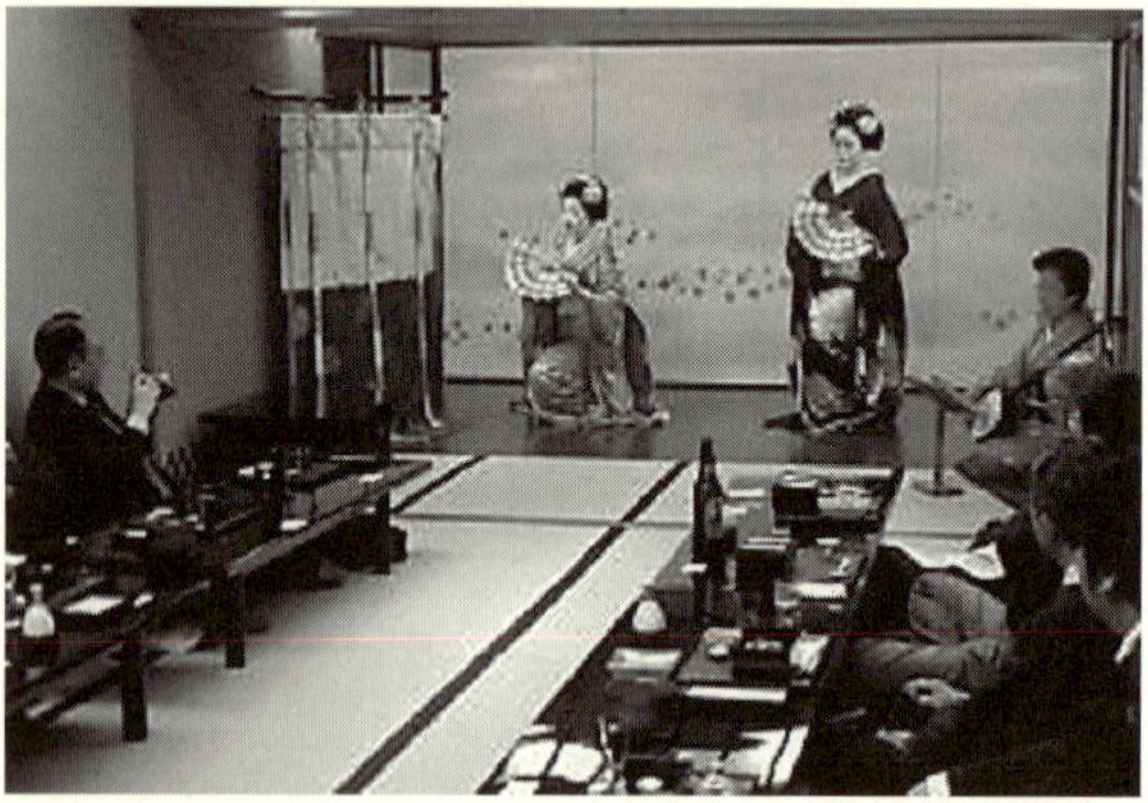

図10　原形は神人共食

も発生したということなのです。

採集狩猟型の祭りを今みようとすると、アイヌのイヨマンテの中に、採集狩猟系の祭りの基本があります。そしてやはり動物を中心にして、その動物の体を食べて、そして、残った物を神様にお返しをする型をとっています。そしてもう一つの農耕経済型の祭りの例は、ここにお見せしています奥能登のあえのことで、これは典型的な農耕経済型の祭りです（図11）。神様をお招きし、神様は、この俵に宿ります。そしてその神様に向かって、主人が沢山のご馳走を並べます。そして主人が「どうぞお食べ下さい」と申し上げて神様にご馳走する。その後で家族が集まって、今度は全員で一緒に食べます。

今も私達はお月見の時に感謝して、やはり大事

図11　石川県　奥能登あえのこと

な食べ物を揃えますね。これは神様に供えるということを行っているのです。食べ物を供えることは、実は神様をもてなす、一番大切な行事なのです。それを人が食べることによって、私達は神様の力を体の中に取り込んで、命を新しく変えていくのです。

田口　有難うございます。今、食べ物が一番大事だというお話が出ましたけれども、食べ物を食べることで、生命が更新されるということですね。廣島屋の女将さん、お茶屋さんにお客さんが上がった時にお食事を出す訳ですけれども、これはどんなシステムがあるのでしょうか？

花街のもてなし

廣島屋　京都はお茶屋さんでは料理は作れへんのどす。板前はんがいやらしまへん。全部外のお料理屋さんや洋食屋さんやら、みなお取りするわけどす。

田口　これはもう、決まっているのですか。これはこのお店から取りましょうとか。

廣島屋　だいたい、みな決まったお店をつかいますが、お客様がこちらのをとおっしゃったら、そちらから取らして頂きます。

田口　先ほど、依代のお話がありましたけれども、例えばお客様をお迎えする時に、お部屋の設えとかはどのようになさるのでしょうか。

廣島屋　お花が枯れてへんかとか、お軸がゆがんでへんかとか、お座布団がちゃんと出てるかとか、灰皿がどうかとか細かいチェックを一応させてもらいます。

田口　ということは、生け花があって、お軸、絵があって、そういう空間にお客様をおむかえするということですね。

廣島屋　そうどすね。

田口　季節によって特別な心遣いがあるのでしょうか。

廣島屋　そうどすね。例えば祇園祭りやったら、お祭りに因んだ鉾のお軸とか、お御輿さんのお軸とか色々ございますね。お祭りの間は舞妓さんの頭も、勝山というお姫さんの頭に変わりはるんどす。お菓子でいうたら、今からやったら何か涼しそうなもんとか、十六日は長者餅とか、あるいはお祭りに因んでとか、六月やったら水無月さんというように、気をつけるようにはさして貰うてます。

田口　御抹茶などは、お出しになるのですか。

廣島屋　基本的にはお出しせえしません。でもお酒をお召しになって、ちょっとお薄が一服欲しいとかお言いやしたら、立てさせてもらいます。

田口　お香をたくことはあるのですか。

廣島屋　あんまりいろんな匂いがあると、食事に匂いが移りますから。私らもせいぜい香水は身に着けしません。

田口　有難うございます。お父さんのお店ではお客さんをどのようにもてなされるのですか。

波木井　うちの場合は、例えば廣島屋の女将さんとこで六時ごろから宴会なさった後においでになるお客様です。少しでも、「ああ、京都らしいなぁ、祇園にきたんやなぁ」と思うて貰えるような額や掛け軸、置物とか、その月にあわせた物に模様替えさせて貰うてます。

田口　何かこだわりはおありですか。

波木井　こだわるというほど物が沢山は無いんですよね。（会場笑）お茶屋さんのところにはいい物が沢山あります。それはお客さんが若い時分にお遊びになった時に、「いつか出世したらちゃんとするさかい、今はこれを取っといて」とおっしゃって、自作の絵だの陶器などを置いて帰らはる。その先生が後に文化勲章などお貰いになると、そういう立派な先生の若い時分の作品なんかをお茶屋さんは皆持っているんです。（会場笑）

我々ももちろん好きですけれども、そのような美術品にはなかなか手が回りません。ただお花は好きですから、お茶花はいつも置くようにしています。

田口　洋花はお使いにならないのですね。

波木井　三味線弾いている所に、バラが活けてあってもねぇ。（会場笑）

お茶屋さんはいくつも部屋をしつらえねばならないので大変です。花屋さんが来てちゃんとやってるところもありますけれども、女将さんがきちんと目を通しておられる所は、やはり行き届いていますよね。

田口　例えばそのお客さんを意識したしつらえということはしますか。

波木井　何処のお茶屋さんでも、お客さんがこれがお好きやからいうて、そういうお料理を出したり、軸をお掛けになったりするところがまた京都のええところです。

田口　お父さんのお店には役者さんが良く来られると伺っていますが、十二月の顔見世のお父さんのお店のしつらえはいったいどのようなものになるのでしょう。

波木井　十二月は役者さんや芝居の物ばかり使うています。役者さんで今お付き合いの一番古い方が坂田藤十郎さん。二代目中村鴈治郎さんから四代にわたってご贔屓にして頂いています。

田口　お父さんの所も結構すごいじゃないですか。（会場笑）お茶屋さんに負けないくらい。やはり全てが依代という考えでいいわけですね。全部が備わっています。ただ、香はお焚きにならないということでしたね。

諏訪　部屋全体に焚きこめるようなことはなさいませんか。

波木井　香りに好き好きがございますので、余り使いません。手洗いには使ったとしても、座敷では嫌がる人もありますので使いません。

田口　では最後の項目に移ります。諏訪先生お願い致します。

花街と日本文化

諏訪　小さなまとめです。既にこれまで私が繰り返してきましたように、日本文化は、古い時代から、色々な文化を受け入れてきました。一番古くは、東アジア社会の一員として、インドとか中国とか朝鮮などの文化を受け入れてきました。明治以降になりますと、今度は脱亜入欧ということをいいまして、ヨーロッパ、欧米文化を受け入れる。今はグローバリズムですから、どの文化でも入り込んできます。そのために、一体、日本文化とは何なのだろうということが分からなくなってきているのです。

ところが、今パネリストの先生方のお話を伺ってもはっきりしてきたように、日本文化の、明治以前までの、ヨーロッパ文化によって変化してしまう前の純粋なものを、ばらばらではなくて、総合して残しているところが花街です。そういう形で評価できるのではないのか。

それから一ついい落としました大事な事を申し上げておきます。私たちはくるわの研究会でくるわという言葉を使っている。ところがその一方では、花街《かがい》という言葉も使う。そして、今皆様のお話を伺っていても、「廓」とおっしゃる方もいらっしゃれば、「花街」とおっしゃる方もいらっしゃる。廓と一般的な花街、一体どこがちがうのか。実はこれはとても大事な問題なのです。

先ほど、「生命の更新」ということを田口さんがおっしゃいました。それを受けて私が、生命の更新には縄文型と弥生型があるのだということを申しました。縄文型というのは、狭い空間の中に入り込んでいって、そこに、いらっしゃる神と交流する。弥生型というのは、比較的開かれた空間の中に、他所から神をお招きして、人々が神と交流するタイプと申しましたね。

日本にしかない廓構造をもつ花街の重要性

日本文化を考える上で大事だなと思うのは、廓という言葉です。この言葉、元々は、囲われているその囲いのことを廓と言いました。だから、廓（カク）という言葉自体は、中国にもあります。中国では、ご存じのように、人々が住んでいる町の周りを敵から守るために、土塀なんかで厳重に囲ってしまうわけです。中国へ行けば昔のいわゆる廓の跡が、残っているのです。ところが、中国で、遊廓という言葉はありません。どんな大きい辞典を引いても、遊廓＝あそびのくるわというものはありません。ある出版社がちょうど京都造形芸大とおなじようなテーマで、「性愛」という特集を企画しました。（二〇一〇年十一月発行『西鶴と浮世草子研究Vol.４』笠間書院）私は日本人の研究者として、それから韓国の研究者、中国の研究者、いずれも遊廓の専門家が集まって、座談会をした時に、私がしつこく聞いたことは、「韓国、朝鮮や中国に今の島原や元の吉原のように、周りを囲ってしまって、その中で人々をもてなす遊廓が存在するのか」ということでした。遊里は向こうにもあるのですよ。日本以上に盛んです。しかし、研究者にいくら聞いてみても「ありません。見たことも聞いたこともない。」という答えしか返ってこないのです。つまり、日本でいう遊廓という形で、周りを囲ってしまって、その中にお客さんをお招きしてもてなす場所は、日本にしかないのです。

その一方で、例えば今日話題になりました、祇園等は、周囲をがっちり固める方法ではなく、開かれた空間の中に人をお招きしている。この二つのタイプを、日本の花街は、残しているのです。私はこれだけでも大変なことだと思います。神様をお招きして、神様と一緒になって命を更新するというような二つのタイプを日本の花街はちゃんと残してきたのです。このことは、非常に大事なことです。

そして、例えば、さきほど、私は祇園のお座敷にはまだ上っていないと申しましたが、しかし、実際周りから見た感じでも周りをきちんと囲んで、狭い入口から入るというような、元々開かれた弥生型の遊里にもかかわらず、縄文型の廓型の形を残していることがはっきりわかるのですね。

それから私たちは僅かですけれど、奈良の遊廓を調査しましたが、そこも祇園と同じ感じがしました。開かれた空間であっても、建物自体はきちんと、いわゆる廓型の建物を残しているのです。つまり、二つの生命更新のタイプを花街はちゃんと残して、今に伝えているということなのです。これは、本当に驚くべきことだと、研究を進めれば進める程強く実感いたします。

本来、舞と踊りは違うもの

井上八千代先生がご指導なさっているのは「都をどり」。「踊り」とおっしゃっています。井上流は、能の流れを受け継いで、どちらかというと、舞の系統なのですね。ですから先生の流派は京都では京舞と呼ばれています。けれども、先生が「都をどり」を指導していらっしゃる。

舞と踊りという言葉、今私たちはかなり一緒に使いますけれども、実はこれは、江戸時代まできちんと分けられていた言葉なのです。すでに中国で分かれておりましてね、「舞」という言葉を古い中国の辞典を引きますと、「楽也《がくなり》」と書いてあるのです。音楽に合わせて、体を動かすことが舞なのです。きちんとした清澄な音楽に合わせて体を動かすことを楽也と説明しています。ところが、「踊《おどり》」という字を中国語で読みますと、「ヨウ」になりますけれども、踊という字を辞典で引きますと、「跳也《とぶなり》」と書いてあるのです。「跳《ちょう》」という字で説明してあります。

そもそも舞とは、中国でも分かれておりましたし、日本でも中世までは分かれていたのです。中世に源の辿れる井上流は、「舞」といっていいのです。ところが他の所では、踊りと称しながら歌舞伎の系統のお師匠さんの稽古を受けています。本当に舞の系統で稽古しているのは、「都をどり」だけでしょうね。後は歌舞伎踊りの系統、歌舞伎舞踊の系統のお師匠さんが教えているのに一様に「踊り」と称している訳なのです。ところが舞妓さんの動きは基本的に舞です（図12・図13）。そんなにとび跳ねたりしないものです。

図12　「都をどり」の茶立て

図13　「鴨川をどり」（原形は巫女舞）

井上　（笑）どうなんでしょう。私どもが初めに致しますことは、先生のおっしゃるようなことですね。摺足で歩んで回るということが基本になっていることは間違いないと思うんです。「都をどり」がどうして踊りになったかというのは、また別のお話になると思いますけど……

諏訪　普通に私たち研究者の間では、舞というのは、今おっしゃったように回るという言葉と関係あり、摺足が基本と理解しています。それに対し踊りは、とび跳ねる跳躍運動が基本になるというように考えております。

京都の花街は、舞が初めの内は基礎になっている。つまり摺足が基本です。ということは、日本の巫女舞というのは、基本的に舞が中心だということになります。舞は巫女舞の伝統を受け継いでいるから、基本的に摺足なのです。ただ、芸妓さんなんかになってきて、舞をある程度身に付けて卒業なさいますと、これは私の独自的な見方ですけれども、かなりとび跳ねるような踊りの系統、「歌舞伎踊り」のような系統がはいってくる、そういう変化は見受けられますけれどもね。舞踊一つとっても、非常に古い形をきちんと保存しているということが言えるのです。

田口　有難うございました。皆様、いかがでございましたか。花街論が、イコール日本文化論なのだということを共有したいという思いでこのシンポジウムを行ってきました。

京都で生まれ育った八千代さん、日本文化の本質を京都の花街が全部残しているということういう考え方を、どのようにお受け取りになりましたか。

井上　はい。今日はいろいろ、お勉強させていただくことばかりでした。やはり廓という場所は、神さんに感謝して人様に喜んで頂く場所であるということが基本であるということ。開かれて大勢の人に来て頂かねばならないけれども、どこかに秘めた所、囲いたい部分もある場所なのだということかなと、先生と皆さんのお話を聞きながらそう思いました。

田口　有難うございました。何よりも我々がすごいと思うのは、京都は、歴史的に辿ることが出来る日本文化の古い伝統の形を凝縮してきちんと保存し、また継承しているということ。そして実際に京都を訪れてそのことを今でも確かめることが出来るということですね。これは実は、京都の本当の文化の力ではないかなということを改めて実感いたしました。この「京都のくるわと芸能の研究会」は来年三年目になります。もう一年研究を積んでまいります。来年はやはりシンポジウムを行いたい。また成果を発表したいと考えています。

二〇一〇年七月三日　京都芸術劇場春秋座

（構成　下野泉）

（撮影　清水俊洋）

シンポジウム　2

日本文化と〈性〉

〈性〉ということばには、生物的存在としての男女の性差、いわゆる〈セックス〉と、社会的・文化的存在としての男女の性差、いわゆる〈ジェンダー〉の二つの意味をこめています。キリスト教圏、イスラム教圏などの一神教世界では抹殺されたり弾圧されたりした女神が、多神教の日本人社会の信仰の中心を占め続けてきました。沖縄の〈おなり神〉、本土の〈妹《いも》の力〉など女性の霊性に対する信仰は今も生きています。このわずかな例からも明らかなように、〈性〉はことに日本文化の秘密を解く鍵です。

　論理や秩序、意志などの特質を男性原理とよび、感情や調和、優しさなどを女性原理とよぶことがあります。各方面にわたって、日本文化には過剰に女性原理が表出されています。その事実は今回の東日本大震災でも証明されました。

【パネリスト】
諏訪春雄（学習院大学名誉教授）
「芸能・芸道」
田中優子（法政大学教授）
「絵画」
鎌田東二（京都大学こころの未来研究センター教授）
「宗教・信仰」
崔吉城（東亜大学人間科学部教授・広島大学名誉教授）
「韓国の性」
【司会進行】
田口章子（京都造形芸術大学教授）

田口　「日本文化と〈性〉」のテーマでシンポジウムを開催いたします。

昨年は「京都の花街と芸能」のタイトルでシンポジウムを行いました。その折には花街が性を売り物にするだけでなく、広い意味での生命更新の場だということを明らかにしました。今回は、昨年の成果をふまえ、日本文化全体のテーマとしてとらえようと企画致しました。

従来文学における性は、セックス論やジェンダー論で解釈されてきましたが、それだけでは不足と考え、性を超えた部分「超性」の部分をも考えて日本文化のとらえ直しを試みたいと思います。性、そして性を超えた部分も含めて考えるということで、タイトルの性にあえて〈　〉をつけましたこと、ご理解いただければと思います。

今回はキーワードを用意しました。「芸能・芸道」「絵画」「宗教・信仰」です。性が身体性から精神性へと推移する中で、その具体から象徴までを包括できるという観点から、これらを提示しました。さらに日本の性の特色を理解するために、韓国の文化との比較を崔先生にお願いし、「韓国の性」というテーマでお話いただきます。パネリストの方々には、従来の論を超えたところでお話いただければと思います。まず諏訪先生より、これまでの研究会の成果のご報告をお願いいたします。

田口章子
（京都造形芸術大学教授）

女神信仰と性

諏訪　ご紹介いただいた諏訪です。田口さんのお話にあったように性を身体とのつながりだけでなく、精神的なものへと広げてお話をしていきたいと思います。

総論的なことですが、日本文化をとらえるうえで〈性〉は大きなテーマです。日本だけでなく世界各地でも重要なテーマですが、日本文化では特に、と強調したい。それは、日本が女性の神を信仰し続けており、他の東アジアの国にも例を見ないほど、文化の中で女神が特別な意味を持つからです。具体的に申しあげましょう。

諏訪春雄（学習院大学名誉教授）

まず世界宗教における女神について考えます。チベットラサの魔女仰臥図というのがあります。今年上野の森美術館でも展示されましたが、その展覧会図録に詳細な解説があります。チベットでは土俗の神として女性の信仰が広まっていたところに仏教が伝わり、仏教を浸透させるためにこういう図が作られたというのです。この図は大地に女性の神、魔女が横たわり、その体の要所要所に仏教の寺が描かれています。この位置に寺を建てないとチベット人すべてに悪をなすという考えを示したもので、現実にこの図と同じ位置に寺が建立されています。チベット仏教展などで必ず展示されるような守護神ダーキーニ像は、足の下に魔女を踏みつけており、魔女図と同じ思想が仏像にも反映された例と考えられます。中国でも地母神としてとらえられた西王母がいますが、道教という男性中心の考えが広まると変化が起こり、古いシャーマンの経典である山海経では、豹、虎、人間を合わせた妖怪として表現されるようになります。ただ中国では、妖怪の姿でも信仰の対象となりました。道教が広まる過程で、中国で古くから信仰される西王母のような女神は、道教の体系の中に位置づけられてしまいます。男性神のみを高位とみなし、西王母は四、五番目位に位置づけられ、道教の世界山崑崙山で鶴と遊ぶ姿で信仰され続けることになります。またキリスト教では魔女狩りが大きな意味を持ちます。魔女狩りを広めたのもまた女神で、今でもカトリックの大本山バチカンでエクソシストが活躍し、魔女狩りは行なわれています（トレーシー・ウィルキンソン『バチカン・エクソシスト』）。

日本の女神 ― 国を守る存在

では日本仏教における女神はどうでしょうか。仏教では、釈迦は初め女性の出家を禁じましたが、厳しい管理下に置くという条件で認めるようになります。中国や朝鮮の尼は厳しく規制されていましたが、日本の場合、初めて仏教に帰依したのが皇族の女性で、尼が僧に先んじていたといいます。ですが日本でも平安仏教までに女性は規制を受けることになり、尼になるには僧綱の中で厳しく監督されました。女性が極楽往生するためには男性にならなければならないという考え方まで生まれ、転女成仏経（変成男子法）などが行なわれました。しかし現在でも一番信仰されている鎌倉仏教の場合、浄土宗の法然、浄土真宗の親鸞、日蓮宗の日蓮、時宗の一遍などすべてが女人往生を認め、日本に仏教を広めることに成功しました。例えば道元は『正法眼蔵』において、尼の地位は小国辺土の国王大臣より尊いとしています。親鸞の場合、夢に現れた観音が女性となり親鸞の穢れを引き受けるといって、肉体的な交わりを行ない、実際に親鸞は妻帯もします。

ここで琉球についてお話しします。元来日本では天皇家が女神信仰を行なっており、伊勢神宮に祀られる女神、天照大神の力を借りて、皇室が長く続くことができたと考えられます。なお、日本では奈良・京を中心に東には伊勢神宮、西には土俗の信仰を集大成した出雲大社があります。太陽信仰による、この東西軸重視の考え方は、琉球王朝にも取り込まれていま す。琉球は日本、中国との間で厳しい舵取りを余儀なくされますが、双方の文化をうまく取り入れ、巧みに外交を行ないました。北方を尊ぶ中国の使節は、北の内殿で接待しました。

また王宮である首里王権正殿が東向きに造られ、聞得大君など女神の信仰に関わる者が集められたのは、日本の皇室が内裏に守られてきたその構造と一致します。そして伊勢神宮と同様に、王宮のある那覇の東に位置する久高島に首里を守る女神がいると考えられ、多くの女のシャーマンが誕生しました。現在もシャーマンは久高島の認可を得て、神祭りを行なうのです。

また江戸幕府の初代将軍徳川家康は、死後一周忌を過ぎた頃に関八州の鎮守神となるとの遺言を残しており、日光東照宮の宮司の言葉によると、家康は女神の天照大神となって江戸を守ったといいます。さらに家康は遺言で、江戸の鬼門にあたる上野に東叡山寛永寺を建立させ、東北に東照宮を移して関東の守りを固めるように指示しました。琉球王朝も徳川家も、「擬似アマテラス」である女神に守られることで安寧を得ると信じ、成功したのです。

以上のように、日本人にとって性、中でも女性の持つ意味が他の国に比べても大きいことが分かります。日本文化を語る時に、性を抜きにしては語れません。日本文化に性が大きな意味を持つ最大の理由は、日本人が女性、そして女神を信仰することで文化を育ててきたからなのです。

田口　有難うございました。日本文化を考える上で大変大きな問題についてお話いただきました。では、田中優子先生にキーワードの一つ「絵画」についてお話いただきます。

文化創造する性

田中　日本文化に性、特に女性が不可欠との諏訪先生のお話は、その通りだと思います。

私の担当するテーマは絵画ですが、それを含め「超性」という点も考慮し、「文化創造する性」という観点でお話していきます。性は身体エネルギーであるだけでなく、文化エネルギーでもあります。江戸時代に即していうと、商品化という観点が重要です。それは売春だけでなく、性を題材にした文化としての商品も存在したからです。商品化できる文化とは何か、それを語る前に、言葉についてお話します。

田中優子（法政大学教授）

江戸の「好色」と「艶」

「性」という言葉は江戸時代には使用されず、「好色」「艶」という二つの用語が用いられました。元禄時代を中心に使われた「好色」は平安時代からある言葉で、色好みともいいます。音楽、絵画など形を持つ美しいものを好む、というのが元来の意味で、その中に性が含まれるという考え方です。井原西鶴の『好色一代男』でも、遊女が好色であるためにいかに努力したかが述べられています。例えば、音曲、文芸、和歌、俳諧、古典の知識、美しい着物の着方、美しい歩き方や話し方、そして床の技、すべてが好色なのです。現在の我々が用いる「性」は極めて狭い意味でしか使われていません。「好色」は性を含む、非常に広い美意識ととらえることができます。江戸後期には「艶」という言葉が用いられます。この字に「気」をつけると「艶気（うわき）」となります。「うわき」は「浮気」とも書きますが、浮世で生きて行く際の美意識ということで、これが核となって様々な江戸文学が生み出されていきます。

　具体的な性について考えると、まず身体として誰を指すのかという問題があります。男の性、女の性、そして江戸で大事なのは若衆です。江戸時代に一般化した若衆は、十六歳までの少年を指しますが、少年的な髪型や着付けといった「存在様式」が確立され、必ずしも年齢で規定されるのではありません。若衆は男性、女性どちらからでも性の対象となり得る存在です。

そして春画を見ていくと、「隠す」という大きな特徴があります。倫理的な意味ではなく、隠すことでエロティシズムを増加させる、という効果を狙ったものです。裸体の図はごく初期のみ確認できる程度で、隠すことで性的情感を強くしていったのです。

商品としての性 — 遊廓の機能

「好色」や「艶」を核に、江戸では様々な商品展開が行なわれました。その文化創造の現場を、江戸中期の板元蔦屋重三郎を中心に確認します。江戸っ子という概念が誕生して、さらに「連・会・社」などグループごとの創造活動が行なわれます。そして不可欠なのが、芝居町（歌舞伎）、遊廓、ファッション界（呉服屋など）、画像・出版界です。芝居や吉原の情報は、絵画や印刷物を媒介にして江戸の外に向けて発信され、日本全国、そして幕末には海外にも広まりました。創作者集団が連・会・社をつくり、芝居、遊廓、出版界と連携することで敬愛活動が成り立つ、お互い影響しながら商品を作ったのが江戸という時代でした。もう一つ重要なのが、芝居、遊廓の茶屋の存在です。茶屋はプロデュース集団で、遊廓の場合だと、メインストリート仲ノ町にある茶屋が遊女に加えて男芸者、女芸者を抱え、年中行事を行なうことで年間スケジュールを生みだし、時間軸における様式を作り、メディア戦略を展開したのです。

　年中行事の中でも弥生の仲ノ町の桜は著名で、この時期にだけ桜を植え、終わると一か月で抜いてしまいました。このように遊廓は人工的に作られた空間で、大門を入って、面番所（幕府の役所）があり……という秩序に支配される場でもありました。「花びらき」という明治期の図からは、桜見物のため吉原を訪れた女性や子どもの客が多いことも分かります。遊廓が、一般人も出入りする場所として設定されていくわけです。夏から秋にかけても、お盆の燈籠祭りや八朔、俄の祭りなどの行事がたくさんありました。一か月行なわれた俄の祭りは歌麿などの浮世絵にも多く描かれ、全国に知れ渡りました。芸者や遊女が音曲、踊りを見せ、この芸者もまた文化を創造する性の中に組み込まれていきます。行事だけでなく、遊廓の毎日の情景も喜多川歌麿の浮世絵などに描かれました。遊廓は文化創造だけでなく、呉服屋、酒屋、料理屋などのマーケットを巻き込んで発展していきます。

文化的先駆者としての遊女

　もう一方で重要なのは、女性の役割です。絵画でも江戸中期以降に顕著になるのは、何かを女性に置き換える、という手法です。鈴木春信の見立絵「見立寒山拾得」「見立竹林の七賢人」など、多くの例が確認できます。単に男性を女性にするだけでなく、活花の本の出版が盛んになると、花を遊女に見立てる内容も登場します。推測ですが、遊女の最高位の「太夫」が「花魁」となるのは、「花に見立てられた女」という意味合いからではないでしょうか。女は男や花に見立てられ、花もまた女に見立てられ、という戦略に遊女が使われていくのです。そして遊女一人一人に文化人としての位置づけが行なわれていきます。『好色一代男』にも見られる考え方ですが、蔦屋重三郎が再びそれを推し進め、例えば漢詩や和歌、書を得意とした扇屋花扇

図１　『青楼名君自筆集』（国立国会図書館デジタル化資料）

という遊女を浮世絵などに積極的に登場させましたし、『青楼名君自筆集』（図1）という出版物には遊女の自筆の文字を掲載し、教養の深さと美しい姿を表現することで、文化的な先駆者として遊女を位置づけていきます。女性だけでなく、若衆も同様です。若衆歌舞伎の廃止以後も、女性的な美を持った若衆は浮世絵に描かれ、人気も保たれていきます。まねゑもんという小さな男が様々な性の現場を見てまわる春信の春画「風流艶色まねゑもん」には、男性と若衆の図もあります。性の現場は、可愛らしい、おかしい、楽しいというイメージで、深刻でも倫理に反するものでもありませんでした。

春画に見る「隠す」性

春画の中の「隠す」例を見ていきます。浮世絵初期の菱川師宣には裸体の図もありますが、江戸中期の鳥居清長、歌麿などの作品になるとみな着物を着ています。中には腰巻、下帯（ふんどし）をつけたままの図もあります。布の感触自体とてもエロティックであり、布に表現性を持たせることで性的な表現も広がり、着たまま、あえて隠すという春画が大量に登場するのです。性イコールあからさまではなく、それを使って新しい文化創造をすること、そして隠すことで様々なアイテムを用い、文化創造がなされたといえます。以上です。

田口　有難うございました。文化を創造する核としての〈性〉としてとらえ、江戸文化における性を読み解いていただきました。では鎌田先生に「宗教・信仰」というキーワードでお願い致します。

神事と性

鎌田　実はつい先ほどまで、奈良の飛鳥坐神社にいました。この神社の第八十一代宮司をつとめた飛鳥造酒之助の六男は折口信夫の祖父にあたり、中学生時代にそこを訪れた信夫が自分の魂の故郷と定め万葉研究に進みだした、そういう地でもあります。この神社では「おんだ祭」という日本四大性神事の一つがあります。天狗とお多福が性行為を見せるもので、おかめとひょっとこ、猿田彦《さるたひこ》と天鈿女命《あめのうずめのみこと》の場合もあります。天狗が一尺ほどの男根を示す竹筒を股にあてがい、回しながら酒をつぐ「汁かけ」の所作を行ない、夫婦和合の「種つけ」の所作が性行為そのままに演じられます。最後に股をふいた紙は「ふくの紙」といって、群衆にまかれます。一種歌舞伎的エンターテインメントに近い

鎌田東二
（京都大学こころの未来研究センター教授）

ものです。男根や女陰を祀る石も、たくさん見られます。

ここで視点を変えて、私が毎朝吹いている法螺貝の話をしましょう。試しに吹いてみます。法螺貝、つまり貝は女性性のメタファーです（図2）。法螺貝はヒンドゥー教や仏教では仏法広宣の法具、真理の伝達具と考えられています。日本では修験道の山伏の法具となりますが、逆説的に「大法螺吹き」は「嘘つき」の意味で使います。「法螺」は洞穴の「洞」から来ているのではないかと思うのですが、「洞」という魂のこもった洞窟的空間、中のうつろな空間からスピリットが発信される、そういうことの象徴であろうと考えています。

ではここからは、日本の土偶や神話、天河大

図2　法螺貝各種
日本：左上、チベット：左下、ハワイ：右上、ブータン：右下

辨財天社などを事例にしながら、信仰と宗教についてお話していきます。

土偶・土器と性のメタファー

まず土偶ですが、「縄文のビーナス」の名でも知られる日本最古の土偶が、長野県の尖石遺跡から出土しました（図３）。おそらく妊娠した姿であり、頭にはマムシと思われる蛇がとぐろを巻いています。蛇は女性のメタファーです。また土偶に見られる渦巻き模様も、エロティックな象徴と考えられます。曲線にとりまかれた土偶は、現代のキャラクターデザインにも通じる、とても斬新な線で表現されています。中には、女性器の筋目や穴がはっきり表現されている土偶もあります。こうした土偶には性のシンボリズムが表現されており、土偶に限らず、縄文遺跡から出土した男根の石棒（道祖神）などにも表現されていきます。道祖神信仰は日本各地へと広がり、注連縄を張って祀られていきます。縄文人がこの石棒に、性だけでなく自然界の生命エネルギーを感じたことは間違いないと思います。また女陰をかたどった石もありました。土器の場合

図３　縄文のビーナス（土偶）
尖石遺跡（長野県茅野市）

も、女性の胎内を暗示する大きな穴を持つものなど、男女の性のシンボリックなものが表現されています。

天鈿女命の踊りと生命更新

では次に、天の岩戸の神事についてお話します。素戔嗚尊《すさのおのみこと》の狼藉により、天照大神《あまてらすおおみかみ》は岩戸に隠れてしまいますが、天鈿女命の踊りにつられ、洞窟的な空間の岩戸から天照大神が出現するという場面です。天の岩戸は子宮のメタファーであり、そこで祭りを行なうことで生命力が再生していく、生命更新の象徴的行為と考えられます。その時、天鈿女命があえて乳房と性器を露出して踊ったのは、生命そのものがホト（女陰）から生まれ、乳房によって育成される、その象徴として表されたもので、この行為は俗にいうストリップではありません。火山の噴火に近い生命エネルギーの表現ではないでしょうか。『古事記』では手に笹を持った天鈿女命が踊ると胸乳とホトが露わになり、神々が大笑いするのですが、その時の笑いに「咲」という字を当てています。つまり笑いは春になって花が咲くような生命のエネルギーの噴出だったということがこれによってよくわかります。また、平安時代に書かれた祭祀氏族の忌部氏の斎部広成の『古語拾遺』には、手に笹を持った天鈿女命が踊ると胸乳とホ

図４　天の岩戸の神事（戸隠神社蔵）

図５　猿田彦大神・天宇受売命神像（高千穂神社蔵）

トが露わになり、神々が、「天晴れ、あな面白、あな楽し、あなさやけおけ」と口々に言ったとあります。天照大神が岩戸から出て光が差し、神々の顔が白くなったのが、「面白い」の語源だといいます。こうして神々の祭りの中から「神楽」が生まれ、芸能が始まったのです（図4）。「面白、楽し」は神楽を根本に据える神道の道を示しており、魂を招いて、生命を更新、活性化させるための神事の一つとして、神楽が奏されました。

天鈿女命は猿田彦とペアで、おかめとひょっとこ、お多福と天狗という形で広まっていきます（図5）。日本の代表的な稲荷の一つ、伏見稲荷大社でも上ノ峯には天鈿女命、中ノ峯には猿田彦が祀られています。高千穂神社には、衣冠束帯の猿田彦と豊満な天鈿女命の神像があります。星野之宣のマンガ『サルメの舞』では、神話の記述に倣って異常に鼻の長い姿で猿田彦が描かれています。天鈿女命がホトを露出するのは二回で、天の岩戸と天の八衢《やちまた》の箇所です。猿田彦が古い国つ神であるのに対し、天鈿女命は天照大神と同様に天つ神、つまり高天原からやってきた、おそらくは渡来系の神ではないかと推測されます。古くから土地にいた男の神と渡来の女神が結ばれるという、神話的表現になっています。猿田彦と天鈿女命は、高千穂に降臨して伊勢に向かいます。

「神楽」から「申楽」へ

神楽の起源となる日本神話の話を致しましたが、このように祭りの中での「神がかり」として登場した芸能は、次の段階として、演劇的空間へと展開される「申楽」となっていきます。世阿弥は、申楽は神楽から発展したと述べ、神楽の「神」の示偏をとった「申」の字をあてました。能舞台は、霊的な世界の鏡の間から役者が表舞台へと出てくるという構造になっており、鏡の間とこの世の空間である舞台をブリッジさせているのが、橋懸りです。こうした造形的、かつ演劇的な空間をつくり上げたのが申楽、つまり能であり、その流れは歌舞伎へと受け継がれていきます。神がかりによって神人一体となるという、ある種の超越性を持つ古代のシャーマニズムが、一度見世物というか、観客を意識して芸能化したため、申楽は、主人公が前段の前ジテでは人間の姿で登場し、後ジテが神や死者、神霊として出現するという、神人が複合して現れる世界を作り出しました。神人一体ではなく、時間軸で分けて前ジテ、後ジテとする、そしてその時間軸は橋懸りにも造形的に表現されています。それが歌舞伎になると、世俗の世界にある花道に変わり、ある種の超越性がなくなっていきます。より人間的な人間世界、世俗の世界が描かれるようになるのです。

最後に天河大辦財天社について述べたいと思います。ここは今申し上げた世阿弥の息子、元雅によって申楽が奉納された重要な場所でもあります。天河秘神は「日輪天照弁財天」という太陽の水の神という特殊な神で、六十年に一回開帳が行なわれます。ここは金剛界（吉野川、男性原理）と胎蔵界（熊野川、女性原理）という二つの原理が融合する場所で「金胎不二の妙地」といわれます。そこに私たちは「天河父聞」と名付けた窯を作りました。その窯もまた一つのエロス的空間です。こういうエロス的空間は世界中にあります。聖地は「性地」でもあり、政治にとっても重要な空間でもあるわけです。

田口　有難うございました。神と触れることで生命の更新をするという例を挙げてお話をいただきました。では次に崔吉城先生お願い致します。崔先生には「朝鮮女の美と性」と題してお話いただきます。

女性の美と性の区別

崔　先程の田中先生のお話と重なると思いますが、

崔吉城（東亜大学人間科学部教授・広島大学名誉教授）

私の述べたいことは、李王朝以降女性の美や性がどのように変化したかという問題であり、女性は何故男性より美しいか、そしてその美の中にどのくらい〈性〉が含まれていたのかという点です。美が芸になって売り物になり、セックスそのものになっていくという社会的、時代的変化についてこれからお話します。

日本の芸者と区別するため、「妓生《キーセン》」、そして差別的な言葉ですが「蝎甫《カルボ》」という言葉を使います。今村鞆氏によって、「妓生」は芸を売る、「蝎甫」は性を売る者と区別されています（『朝鮮風俗集』二八三）。

田中先生も女性の仕草に触れられていましたが、金弘道《キンホンド》（号は檀園《ダンウォン》）と申潤福《シンユンボク》（号は蕙園《ヘイウォン》）という李朝の著名な画家の風俗画によって、女性の描き方を確認してみましょう。日常的な仕草の女性が描かれることが多く、例えば足を立てて座る、授乳、喫煙、沐浴や洗濯などが挙げられます。まず、金弘道の代表的な風俗画に、乗馬する女性が三名描かれる図6があります。左下の女性は頭に布（裳衣）をかぶり足の先まで隠すという、一般的な服装をしていますが、残りの二名は頭に布をかぶらず右の方は花を挿し、煙管を持っています。煙管や喫煙は妓生を示す重要なアイテムであり、この二人は妓生だと分かります。図7では妓生が踊る姿や楽器を奏でる姿も描かれています。また足を立て授乳する図8や、裾をたくし上げて

図6　乗馬する女たち

図7　楽器を奏でる妓生

図８　授乳する女たち

図９　覗き見る男たち

洗濯をする女性を男性が覗き見る図9もあります。この図では、上半身ヌード、洗顔、洗髪、胸を見せる、足を上げてブランコをこぐ、腕を上げるなどの仕草の女性が描かれ、それを男性二人が覗いています。こうした日常の風景でも性的な興味につながっているのです。

春画の女性たち ― 妓生は性を売るのか

では、春画を見てみます。春画には主に妓生が描かれます。韓国の国立博物館に四十図程残されています。場所は野外と室内の両方があり、男性による覗きの図も多く、中には女性が覗く図もあります（図10）。間接的な表現として、女性が犬や鳥の交尾や春画を見る図もあります（図11）。春画は邪気を払うものだという考え方もあったのですが、それは春画を見る際の言い訳でしょう。これらの春画に共通するのは、女性があまり肌を見せず受身で、男性が一方的、そして煙管を吸っているという点です。

では妓生は芸を売るのか、性を売るのか、その問題を考えてみます。基本的に妓生は古くから宮中で教育されるもので、性を売る者ではないはずです。しかし中には、日本でいう置屋に売られて芸者として有名になり、水揚げされる場合もあります。処女性は高く評価され、決まった相手とだけ関係をもちますが、それは「成人式」と考える事ができます。朝鮮のシャー

図10　覗き見る女たち

図11　覗き見る女たち

マンとも共通していて、水揚げが終わると旦那が決まり、スポンサーとして置屋を維持するという構図になります。その様子は、アメリカ映画『ＳＡＹＵＲＩ』（原作：Arthur Goldman. "Memories of Geisha"）でも詳しく描かれます。鎧戸という島から売られて京都に来たさゆりは、芸事に励み、処女であるかを調べられた後に、ある男性に水揚げされるのです。

券番システムの構築と観光のシンボルとしての妓生

さてここからは、一九〇〇年代に日本の植民地になり券番システムが持ち込まれてからの妓生についてお話しします。券番に所属した妓生は音曲など芸事の教育を受け、伝統文化を継承していきました（図12）。箕城券番など、有名な券番が多数ありました。こうした券番の妓生たちは、絵葉書や写真や葉書のモデルとなり（図13）、観光化をアピールする役割を果たしました。ソウル以外にもピョンヤンは妓生で知られる町となりました。日本男性が写した朝鮮美人の写真も残されています。彼女たちは伝統的な衣装や西洋風の最新の服装で撮影され、ファッションを伝える役目も担っていました。こうした妓生は性を売る者ではありませんでしたが、シンガポールの「カラユキサン」（図14）や、皆さんご存じの映画『サンダカン八番娼館　望郷』のように、戦争により状況が変わり、軍人に対する売春が行なわれる

図12　伝統文化を継承する妓生たち

図13　絵葉書のモデルとなった妓生

ようになります。朝鮮では妓生の全てが身を売ったのではなく、今でも伝統的な芸能として妓生の芸は継承されています。美を芸にして売っていたものが、一九三〇年代の戦争の時期には売春をする率が高くなり、女性が時代に翻弄されることになるのです。今問題となっている従軍慰安婦について、先日ピョンヤンで会議があり私も出席しました。これは現在も続いている問題です。

以上、性や美といった、時代によって翻弄される女性について考えてみました。

図14　「カラユキサン」

田口　崔先生、有難うございました。韓国の性、特に妓生や身体的な性について、歴史的な観点からお話いただきました。では、「芸能・芸道」をキーワードにして、諏訪先生お願いします。

山の神は男か女か

諏訪　今までの各先生のご発言と深く関わる、「芸能・芸道」という視点でお話します。

日本人には女神信仰の他に、男神信仰もよく見られます。例えば、山の神でも男女両方のとらえ方をする地域があります。『日本の民俗』（第一法規出版）による神の性別を調査してみると、東北は記載がありませんがマタギなどの習俗から見て女神と考えられ、関東は男・女・天狗の夫婦、北陸は男女二神・女、中部は女神が優勢、中国なし、四国と九州は女神となります。日本人の山岳信仰では女神信仰が盛んでしたが、男神中心に変わっていきます。そのきっかけの一つは、合理思考です。大地母神は女性であり、子供を産み、物を作り出すことができます。つまり、単性でありながら、生殖能力を持っているという矛盾する存在なのです。これは合理的ではありません。男性の力がなければ子をなすことができないため、夫婦二神という考え方が生まれたのです。そしてもう一つ、天の信仰が日本人の中に浸透すると、山は天への通路だという考え方が出てくることは重要です。元来山は大地が盛り上がったものとされ、基本的には天の信仰と結びつくものではなかったと思いますが、大陸から伝わった思想の影響で「世界山」という考え方が入ってきました。「世界山」は世界の中心にあり、大地と天を貫いていて、大地と天との通路でもあると考えられるもので、例えばヒンドゥー教のメール山、仏教の須弥山、イランのハラベレザイテイ、道教の崑崙山・五岳（泰山他）、ギリシャのオリンポス、朝鮮の五岳があります。日本でも世界山の考えが生まれ、修験道では出羽三山、吉野山、熊野山、九州英彦山、仏教では比叡山、高野山、山陰大山、神話では高千穂、香具山が挙げられるように、天から地上へのつながりが生まれてきます。しかし、天の神信仰やそれに付則する星辰信仰を日本人が古くから持っていたのかというと、そうではありません。『古事記』などを見ても天皇のイデオロギーにおいて天の神は登場しますが、一般庶民の信仰としてはでてきません。中国では星の神が多いのに対し、日本では『和名抄』や『枕草子』などに見える、スバルが南方漁業民に重視されていたのが希少例だと思われます。これは漁をする際に星を目安にしたことによるものでしょう。

籠る「幽暗型」・神と合体する「開放型」

さて、鎌田先生のお話にもありましたが、古い生命を更新する際、「幽暗型」と「開放型」という二つのタイプに大きく分けられると思います。

「幽暗型」は、母胎と考えられる暗い洞窟に籠って、そこで生まれ変わるものです。子供を出産する際に縄文の住居に似た産屋に入るのも、母の胎内で出産するためなのです。母の胎内に住むことで、魔や不幸から免れるという考え方が反映されています。清水寺などにある胎内くぐりも、暗い中を一回りして新しい命を得るためのものなのです。これは修験道の行事にも取り入れられ、民俗行事にも残っています。立山の布橋大灌頂では女性たちが岩窟で暗い堂に籠り、母神であり冥府の神である地母に出会うとされます。福島県の羽山籠りの成人式は、男子が山に登って洞窟をくぐり、持参した男性性器を置いてきて初めて成人すると考えるもので、明らかに洞窟は女性だと考えられます。

もう一つの「開放型」は、神と合体して新しい命を得るというものです。暗い洞窟は必要なく、明るく開かれた空間で神と交流するのです。津軽のイタコなどは元々河原に座って神と合体し、様々なお告げをしました。沖縄県久高島のユタは古い形を残すシャーマンで、明るく広い場所でいきなり神がかりの状態になります。それらは神社の巫女舞、野里住吉神社の一夜官女などにもつながっていきます。一夜官女は今では少女が選ばれ、その子は丈夫に育つといわれていますが、元来神に女性を捧げる供犠であったと考えられます。そして舞を見せる白拍子もセックスを伴いました。そう考えると「開放型」の場合、神は男性神が主体であったといえます。だからシャーマンが待ち受けて合体するのです。例えば諏訪の御柱は男性性器の象徴と考えられており、木遣でも山の神は男ととらえられています。鎌田先生のお話にあったように、男性性器を大事にする祭りには、田県神社の豊年祭などもあります。ですが、必ずしも男性神だけではないことが、伊勢神宮を例にとると分かります。二十年ごとに社殿を造り変える際に木曽山中から木材を運びますが、木は神の依代であり神そのものでもあるため、この場合木が女神の天照大神とみなされることになります。

芸道と「幽暗型」・「開放型」

江戸時代の歌舞伎を例にとると、古い日本人が持っていた「幽暗型」が継承されていることが分かります。江戸の歌舞伎小屋は八百名ほど入れましたが、すべて鼠木戸という狭い入り口をくぐって出入りしました。これは古くは能の小屋にもあったものです。一方で、小屋の上に櫓を立てたのは神をお迎えするためで、「幽暗型」でなく「開放型」に見られる、広場に神を迎えるための依代の考え方も踏襲しています。劇場の看板の絵や文字も、神をお迎えする依代なのです。今でも神楽を見に行くと絵や文字を書いたものが貼ってあります。能舞台の松や五色幕、歌舞伎役者の化粧や隈取なども神を宿らせるもので、これらは「開放型」の生命更新原理の変形といえます。

芸道について考えます。まず茶道ですが、様々な茶の飲み方が中国から「喫茶の風」として伝わり、それを茶道という狭い茶室での芸術にしたのは日本人の「幽暗型」の発想といえます。一方で花に神を宿らせる華道は、神と一体化する「開放型」と考えられます。
最後に神社と廓の構造についてお話しておきます。江戸の浅草寺、富岡八幡宮、そして吉原遊廓の構造を比較すると、共通していることが分かります。門をくぐり、産道に見立てられる長い道を進んで神と出会い、そして生まれ変わる。こうした構造にも「幽暗型」が生きています。また「開放型」の文化も吉原の中にあります。例えば遊女が行なう太夫道中は客のもとにシャーマン、女神でもある遊女が訪れるというものです。他に「開放型」は、当麻寺観音来迎、神輿などの祭の構造の中にも保たれています。日本文化は、本当に奥深く面白いものだと思います。以上です。

田口　諏訪先生、有難うございました。性という視点で眺めますと、色々な分野に渡ることが実感されます。私たちはプロジェクトを立ち上げ、くるわが生命更新の場であることを検証し、それを日本文化の中でとらえるとどうなるのかと考えて本日のシンポジウムを企画した訳ですが、諏訪先生、そのあたりはいかがでしょうか。

くるわから芸能、生命更新へ

諏訪　今まで申し上げたことに尽きますが、元々京都のくるわを構造的、民俗学的、文化人類学的、神話的に解き明かそうという考えのもと、大阪なども含めてフィールドワークをしてきました。そうして見えてきたことは二点あります。第一点は、くるわが日本文化の担い手であり、性のみでなく経済、政治を含めた中で考えるべき存在であるということ、第二点は、くるわの構造やしきたりに注目すると、実はそこを訪れる男性が古い自分を捨てて新しく生まれ変わる場であることが分かったということです。「生命更新」という目的のために、人々はくるわに足を運んだのだと考えられます。昨年は祇園の方々にお越しいただいてお話をうかがいました。本日はそれを日本文化に広げた訳ですが、最適の講師の方々にご発言をいただけたと思います。

田口　他の先生、何かございましたらお願いします。

田中　今の諏訪先生のお話で、研究会の趣旨がよく分かりました。くるわが生命更新の場であるという間に、もう一つ、芸能を入れたらよいのではないでしょうか。例えば、遊女は太夫と呼ばれましたが、もとは能太夫からきた言葉で、遊女も能をやっていた訳です。さらに三味線や踊りをするようになり、また江戸後期には遊廓に芸者も入り込むため、本質が分かりにくくなってしまいます。芸者はもとは歌舞伎と呼ばれていました。歌舞伎自体も女性がつくって来た背景があり、役者そのものを歌舞伎と称したのです。歌舞伎の踊り子であった女性は、風俗を乱すとされ劇場から追われましたが、その踊り子が芸者にもなっていきます。実は性の現場といってもそこにいるのは芸能者であり、それが信仰につながり、生命更新とも関係してくるのだと思います。つまり、性の現場と芸能、信仰が一体になっている訳で、そこを丁寧に切り分けるとさらに細かな研究ができると考えます。

手続きと日本文化

また先程お話した年中行事に関連して、手続きという問題について補足します。吉原には遊ぶための手続きがあり、例えば客は初回、裏、第三回と遊女に会うための細かな手続きをふみます。崔先生の妓生の水揚げの話も、芸者のそれと似ています。性は手続きが重要であり、それは結婚が単なる法的な制度ではなく手続きであることとも関わっています。手続きとは、どういう様式で進めていくかを、時間を区切って定めていくもので、それが文化なのだと思います。例えば花魁のする櫛やかんざしなど身につけるものは、時代で変化していきます。そういうものを細分化して研究することで、文化人類学上の問題が見えてくるのではないかと感じました。

田口　有難うございました。鎌田先生、補足することはございますか。

「聖地」と「性地」

鎌田　今日のお話を聞きながら、性の問題は色々な豊饒性を含んでいると感じました。今後考えてみたいテーマが二つあります。一つは、言葉と性の関係です。性の中に言葉が介在することで、性がどのように変化していくか興味があります。例えば『万葉集』の相聞歌《そうもんか》や、くるわで用いられる隠語のような、非常にエロティックな言語があるはずです。言葉の特殊な作用をエロティシズムがどう活用しているのか。こういうエロス的な特殊言語の問題は、この先重要になるのではないかと考えます。もう一点は、先程お話した政治と性が結びつくという点です。昨日大和の大神神社《おおみわじんじゃ》に行きましたが、ここは山自体が御神体で、神武天皇が長《なが》髄彦《すねひこ》ら先住民と戦って勝利を収め、大和朝廷を築く重要な聖なる場です。神武天皇が初代皇后として迎えたのが、三輪山の神大物主大神の娘富登多多良伊須須岐比売《ほとたたらいすすきひめ》でした。『古事記』によると、大物主大神は丹塗矢《にぬりや》となって川で用をたす美しい娘のホトを突き、娘は持ち帰ったその矢が麗しい男となったので結ばれ、それで誕生したのが富登多多良伊須須岐比売とされています。何故、政治的に重要な時に、三輪山の神の娘で「ホト」と名のつく、おそらくは神に仕えた女性を皇后に迎えたのでしょうか。政治は性を通じて聖なるものを管理し、ガバナンスしていくという構造があるということ、性と権力の問題は複雑で重要なテーマだと思いました。この二点です。

田口　有難うございました。では崔先生、お願い致します。

性表現と規制

崔　韓国では、仏教の時代には性に関する文学は自由でしたが、李朝時代に厳しくなり、性や芸も抑制されていきました。仮面劇や人形劇はありますが、それを伝承してきたのは基本的にシャーマンであり、宗教としての芸能に性的な物を含めてきたのです。私が調査した一九六〇年代の韓国ではセマウル運動（新しい村づくり運動）が盛んで、シャーマンの儀礼「クッ」で性行為に見立てた儀式が行なわれた時に、学生たちが無理に中止させたこともありました。厳しい制約の中で、公に性と美を管理した李王朝では、妓生の養育を行ない、その様子はテレビドラマ『ファン・ジニ』にも描かれています。また美しいシャーマンも妓生になりました。日本の植民地時代までは、妓生も芸を守って来たはずであり、芸者を管理する券番システムによって、舞台に登場する妓生も現れ、伝統的な美を持つ妓生は女優としても活躍しています。芸者である妓生が売春を行なったと言い切ることはできませんが、伝統文化の維持に関しては韓国の学者も高く評価しています。芸と性は分離して考える、それが私のとらえ方です。

アニメ・マンガと現代の性

田口　先生方から興味深い新たなテーマが提出されました。他に何かございますか。

田中　一つ補足します。今日は春画をゆっくりお見せできなかったのですが、「風流艶色まねゑもん」の類の可愛らしい、おかしい春画はたくさんあります。母と娘がいるとか、若衆とか、テーマ設定を決めて見ると、色々と分類できます。今日は江戸時代を取り上げましたが、今のマンガやアニメの中にも性的な表現は膨大にあり、今の子供は平然とそれを見ている訳ですね。何の制限もなされていないのは、マンガだからです。性は現在の日本文化にもつながる問題で、アニメ・マンガにおける性というのも一つのテーマになると思うんです。現実に今、東京都が条例を出しており、それが日本全国にも及ぶことになるのだと思いますが、条例云々ではなく、その中にある豊饒な世界をきちんと見ていく必要がありますね。

春画の国民性

田口　本日は韓国の春画も見せていただきましたが、日本の春画とはずいぶん趣が違って楽しい感じがしますね。

田中　中国の春画は刊行されていますが、韓国のものは私も初めてきちんと拝見しました。あるパターンがあり、日常の情景としてリアルに描かれているという印象です。日本の場合、まさかというようなシチュエーションもあり、空想的な部分がたくさんあります。日本の春画は数が多い上に専門の研究者が少ないので、なかなか研究し尽くせません。興味のある方はぜひ研究してみて下さい。

崔　中国や韓国の春画がリアルなのに対し、日本の場合はマンガやアニメとの関係もあるのでは、と前から気になっていました。歌麿の作品など、かなりデフォルメしていますね。このデフォルメの表現は、想像する、考える力をそこに加えていることになり、アニメの基礎になることだと思います。日本のそういう発想は素晴らしいですね。資料を提供しますので、ぜひ研究を進めていきたい部分です。それから性は文化人類学でも民俗学の中でも、結婚や宗教の中でとらえられてきましたが、私は美に関することがほとんど語られていないことが気になります。一九三〇年代に、マリノフスキーが地域ごとの美人の要素を調べていますが、セクシー、チャーミングなど色々なタイプがあり、その民族の中での美の基準を調べるのも大事ではないかと思っています。妓生の写真や絵ハガキが佐賀の名護屋城博物館に約七〇〇〇枚、韓国のプサン博物館に約四〇〇〇枚所蔵されていて、現在その刊行に向けて準備をしていますが、それらを精査することで美人の要素が分かって来ると考えています。

隠す性・隠さない性

諏訪　非常に大事な問題として浮かび上がるのが、性は隠すものなのか、あるいは公の場で披露すべきなのかという点です。日本にも両方の流れがあったと思います。祭りでも神楽でも性交をする様が演じられ、それを見た人々が生きる力を感じ取っていく、そういう性格を一つ持っているのではないかと考えます。また別に、性を隠す、恥ずかしいとする意識もあり、デフォルメとかあるいは韓国の例のように隠すものを覗き見るといった感覚の中には、隠すことでエロティシズムを感じるという流れもあります。この二つの流れがともに日本人の生活の中に継承されている気がします。

崔先生におうかがいしたいのですが、妓生は李朝の前後で性格が変わったということはございますか？　というのは韓国の演劇や芸能の歴史で、さかのぼればさかのぼる程宮廷に仕える妓生が大きな役割を果たしているんです。それぞれの王家に雇われた女性芸能者は性よりも舞踊、音楽などの芸を売り物にした人たちではなかったか、韓国の重要な演劇が生まれる母胎となっていたのではないかと思います。儒教が国教となり、妓生の性格も変わって淫靡なものになったのではないでしょうか。

崔　性の定義をどうするかも問題ですが、性行為という狭い意味でとらえれば、それが妓生のシステムに組み込まれていたかはよく分かりません。日本の研究者は新羅にはあったと述べていますが、妓生が本格的に組織化するのは、宋などの中国の訪問団を接待するために利用されたからで、李朝時代には芸を担う集団として見なされました。先程紹介した映画『ＳＡＹＵＲＩ』では水揚げが出てきましたが、処女を捧げる事は売春というより「成人式」として考えるべきではないでしょうか。そうすると妓生は性を抜きにした存在と考えてもよいのではないかと思います。ただ、性的な領域を見せることもありますので、「セクシー」と表現されるような存在だといえるのではないでしょうか。

諏訪　大事な問題ですね。朝鮮の巫がパトロンを見付けて水揚げするという話がありましたが、今でも行なわれていますか。

崔　東海岸でも行なわれています。ときには腹巻をして「儀礼」として行なうこともあります。民間芸能集団のシャーマンが妓生になる率は高いのです。

田口　性を視点に据えた時の、新しい問題提起もなされました。日本文化を〈性〉でとらえるということで、非常に意義深いシンポジウムとなりました。先生方、有難うございました。

二〇一一年十月二日　京都芸術劇場春秋座

（構成　藤澤茜）

（撮影　清水俊洋）

京都のくるわと芸能研究会記録

京都のくるわと芸能研究会　メンバー

諏訪春雄（学習院大学名誉教授）
森谷裕美子（京都造形芸術大学非常勤講師）
下野泉（民族芸能史研究家）
藤澤茜（学習院大学非常勤講師）
田口章子（京都造形芸術大学教授）

京都のくるわと芸能研究会　活動記録

二〇〇九年四月　十二日（日曜日）第一回研究会　フィールドワーク　都をどり
　　　　四月　十三日（月曜日）第二回研究会（於　春秋座楽屋）
　　　五月三十一日（日曜日）第三回研究会　フィールドワーク　島原
　　　　六月　　一日（月曜日）第四回研究会（於　春秋座楽屋）
　　　　十月　　四日（日曜日）第五回研究会　フィールドワーク　飛田
　　　　十月　　五日（月曜日）第六回研究会（於　春秋座楽屋）
二〇一〇年四月　十一日（日曜日）第七回研究会　フィールドワーク　大和郡山

四月　十二日（月曜日）第八回研究会（於　春秋座楽屋）
五月　十六日（日曜日）第九回研究会　フィールドワーク　鴨川をどり
フィールドワーク　中書島周辺
フィールドワーク　五番町周辺
五月　十七日（月曜日）第十回研究会（於　春秋座楽屋）
七月　三日（土曜日）シンポジウム
「京都の花街と芸能―もうひとつの日本芸能史」
（京都造形芸術大学内　京都芸術劇場　春秋座）
十月　三日（日曜日）第十一回研究会　フィールドワーク　温習会

二〇一一年四月　十一日（月曜日）第十二回研究会（於　春秋座楽屋）
六月　十三日（月曜日）第十三回研究会（於　春秋座楽屋）
十月　二日（日曜日）シンポジウム
「日本文化と〈性〉」
（京都造形芸術大学内　京都芸術劇場　春秋座）
十月　三日（月曜日）第十四回研究会（於　春秋座楽屋）

あとがき

京都のくるわと芸能研究会は、二〇一〇年七月三日に「京都の花街と芸能―もうひとつの日本芸能史」、二〇一一年十月二日に「日本文化と〈性〉」というテーマで、シンポジウムを開催しました。本書はそのときの記録と三年にわたる研究成果をおさめたものです。

二〇〇九年に発足した京都のくるわと芸能研究会は、三年間研究会やフィールドワークを重ねてきました。

あえて「京都」にこだわるのは、京文化こそ、本来の日本人の本質をもっともよく保存しているという確信を持つことができたからです。

それは、十年を超える長期の公開連続講座「日本芸能史」を通して得た成果に支えられています。

二〇〇二年の開講以来、体験する芸能史をキャッチフレーズに、京都造形芸術大学学生のための授業を、京都市内の大学生や一般にも公開し、私たちは日本芸能の特色を探ることで、日本人とは何かというテーマを追いつづけてきました。

年々増える受講生の期待をうらぎらないよう、企画、コーディネーターとしては身の引き締まる思いで取り組んでいます。

大学内の京都芸術劇場・春秋座で年間二十六回開講する講座「日本芸能史」は、諏訪春雄先生の「総論」でスタートします。「総論」で提示されたテーマに沿って、研究者、実演者による学術的かつ実験的な切り口で芸能の本質に迫っていきます。
「ことばの芸能と身体の芸能」「江戸の芸能と上方の芸能」「語る芸と話す芸」「日韓比較芸能史」「聖と俗」「芸能と芸道」「芸能史の中世〜中世を知らずに何も語れない」などなど、切り口が違えば、みえかたも異なるわけで、日本文化を知る上に日本の芸能がいかに重要であるかを学んできました。

シンポジウムで取り上げた「芸能と芸道」や「生命更新」といったテーマは、いずれも諏訪先生の「総論」で展開された新しい視点に基づいています。

第一回シンポジウムでは、花街を、性を売り物にする場だけではなく、広い意味での「生命更新」の機能を果たす場であることをあきらかにしました。

第二回シンポジウムは、「生命更新」を日本文化全体の問題としてとらえようと試みたものです。

従来、「日本文化と性」というテーマは〈セックス〉論と、〈ジェンダー〉論で解釈されてきました。「性」をあえて〈性〉としたのは、それだけでは日本文化をとらえたことにはならないという視点を採用したからです。〈セックス〉論、〈ジェンダー〉論だけではない、性を超えた部分＝超性をも考えていくことで、日本文化のとらえなおしを試みたい。そのようなねらいから、性と性を超えた部分の二つの意味をこめて、〈性〉と山カッコをつけたわけです。

本書のタイトルは『京都のくるわ』ですが、サブタイトル「生命を更新する祭りの場」が示すように、従来の廓論でないことはいうまでもありません。手垢のついていない、くるわ論です。

いずれのシンポジウムも、その意義を充分に果たすことができました。パネリストの皆さま、すぐれた先生方のご登壇、ご協力を得たことに心から感謝申し上げます。

研究者と実演者による共同研究を重ねてきた「上方和事研究会」（二〇〇六～二〇〇九。研究成果は『元禄上方歌舞伎復元　初代坂田藤十郎　幻の舞台』参照）に引き続き、今回も学習院大学名誉教授諏訪春雄先生、学習院大学の後輩たちとの共同研究は多くの収穫を得ることができました。研究成果を本にして下さった編集担当の田代幸子さんも学習院大学の卒業生です。不思議なご縁に感謝します。

最後に、三年間にわたりご協力くださいました皆さま、ありがとうございました。

二〇一二年　祇園祭　山鉾巡行の日

田口章子

波木井 正夫（はぎい・まさお）

「祇園　波木井」主人。昭和12年、祇園町近くに生まれる。幼時より伝統芸能、とくに歌舞伎・義太夫を好み、「声色大会」にも出場。義太夫・清元・新内・歌澤・小唄・端唄ほかをそれぞれ一流の師匠に師事。花街伝承の遊芸を積極的に習得し、現在では数少ない伝承者のひとりである。昭和42年、つちかってきた芸を活かし「祇園　波木井」を開業。店内で繰り広げられる主人の芸はプロをもうならせ、根強い顧客を持つ。

藤澤 茜（ふじさわ・あかね）

学習院大学非常勤講師。国際浮世絵学会常任理事。文学博士。研究領域は歌舞伎を中心とした近世演劇。近世文化史、近世文学。『歌川派の浮世絵と江戸出版界』、『奇想の江戸挿絵』（共著）、『浮世絵師列伝』（共著）、『浮世絵の現在』（共著）ほか。

森谷 裕美子（もりや・ゆみこ）

京都造形芸術大学非常勤講師。園田学園女子大学近松研究所客員研究員。文学博士。研究領域は近世演劇。主要論文は「『曽根崎心中』から『お初天神記』へ—浄瑠璃本を通してみる作品の変転」、「椿亭文庫所蔵歌舞伎絵尽し「鶏鳴吾妻世話事」について」、「「扇矢数四十七本」の役割番付と絵尽しについて」ほか。

諏訪 春雄（すわ・はるお）

学習院大学名誉教授。文学博士。前国際浮世絵学会理事長。研究領域は近世文芸、近世演劇、浮世絵、比較民俗学、比較芸能史など幅広い。著書は『元禄歌舞伎の研究』『近世戯曲史序説』『歴史文化ライブラリー96 歌舞伎の源流』『歌舞伎へどうぞ』『日本の幽霊』『折口信夫を読み直す』『日中比較芸能史』『日本の祭りと芸能』『安倍晴明伝説』『歴史文化ライブラリー124　北斎の謎を解く』『大地　女性　太陽―三語で解く日本人論』『大地母神と役行者　神々の原風景を描く「八犬伝」』ほか多数。

田口 章子（たぐち・あきこ）

京都造形芸術大学教授。文学博士。研究領域は近世演劇を中心とした古典芸能。伝統芸能公演の企画・制作にも携わる。『江戸時代の歌舞伎役者』で芸術選奨文部大臣新人賞。その他の著書に『ミーハー歌舞伎』『21世紀によむ日本の古典20　東海道四谷怪談』『歴史文化ライブラリー170　歌舞伎と人形浄瑠璃』『二代目市川團十郎』『元禄上方歌舞伎復元』『歌舞伎から江戸を読み直す―恥と情―』ほか。

田中 優子（たなか・ゆうこ）

法政大学社会学部教授。研究領域は日本近世文化、アジア比較文化。『江戸の想像力』で芸術選奨文部大臣新人賞、『江戸百夢』でサントリー学芸賞を受賞。その他の著書に『江戸の音』『芸者と遊び』、『江戸の恋』、『春画のからくり』、『カムイ伝講義』、『江戸っ子はなぜ宵越しの銭を持たないのか？』『未来のための江戸学』『布のちから』ほか多数。

崔 吉城（チェ・キルソン）

東亜大学教授・東亜大学東アジア文化研究所所長。広島大学名誉教授。文学博士。研究領域は文化人類学、シャーマニズム、日本植民地期の映像分析など。著書は『恨の人類学』『韓国のシャーマニズム』『樺太朝鮮人の悲劇』『韓国の祖先崇拝』『「親日」と「反日」の文化人類学』『韓国民俗への招待』『植民地の朝鮮と台湾』（編）科研による研究代表：「朝鮮半島南部の移住漁村『日本村』に関する調査研究」

http://www.choikilsung.net/　http://www.geocities.jp/dgpyc 081/

《執筆者一覧》(50音順)

井上 八千代(いのうえ・やちよ)

京舞井上流五世家元。観世流能楽師九世片山九郎右衛門の長女として生まれる。祖母井上愛子(四世井上八千代)に師事。京都造形芸術大学教授。昭和57年度芸術選奨文部大臣新人賞。平成10年度芸術選奨文部大臣賞。平成11年日本芸術院賞受賞。平成12年五世井上八千代襲名。

鎌田 東二(かまた・とうじ)

京都大学こころの未来研究センター教授。文学博士。NPO法人東京自由大学理事長。猿田彦大神フォーラム世話人代表。天河文化財団評議員。研究領域は、宗教哲学、比較文明学、民俗学、日本思想史。神道ソングライターとしてCDを発表し、ライブ活動も行う。著書に、『神界のフィールドワーク』『神道とは何か』『聖地感覚』『神と仏の出逢う国』『超訳古事記』ほか多数。http://homepage 2.nifty.com/moon 21/

清水 久子(しみず・ひさこ)

祇園町廣島家女将。祇園町に生まれる。昭和23年、6歳6月6日に京舞井上流四世井上八千代に師事、お稽古を始める。昭和35年、内娘で舞妓になり、昭和38年、舞妓で井上流名取となる。昭和40年、衿替し、芸妓になる。昭和56年、芸妓を引いて廣島家十代目女将となり、今日に至る。廣島家は川端通り四条上ルにあった芝居茶屋に始まる。祇園では古い格式のある茶屋を「赤前垂れ」の店と呼び、正式の装いには赤前垂れをつける。廣島家は数少ない赤前垂れの茶屋である。

下野 泉(しもの・いずみ)

民族芸能史研究家。翻訳家。研究領域は南米および日本の古代文芸と芸能史。“El libro de la Almohada”(『枕草子』)(共訳)、“Diario de Tosa”(『土佐日記』)(共訳)、“Apuntes de una Efímera”(『蜻蛉日記』)(共訳)。現在スペイン語『源氏物語』の翻訳中。ペルーカトリカ大学、日系人協会、外交官婦人協会にて講師。ブラジルサンパウロ大学の日本文学学術会議に参加。

京都のくるわ
――生命を更新する祭りの場――
新典社選書 57

2012年9月25日　初刷発行

編　者　田口　章子
発行者　岡元　学実

発行所　株式会社　新典社

〒101－0051　東京都千代田区神田神保町1－44－11
営業部　03－3233－8051　編集部　03－3233－8052
ＦＡＸ　03－3233－8053　振　替　00170－0－26932

印刷所　恵友印刷㈱　製本所　㈲松村製本所

ISBN978-4-7879-6807-4 C0370
http://www.shintensha.co.jp/　E-Mail:info@shintensha.co.jp